앎을 삶으로
실천한 스승,

영주 소고 박승임 종가

기획 경상북도 · 경북대학교 영남문화연구원 | **지은이** 강구율

경북의 종가문화 연구진

연구책임자	정우락(경북대 국어국문학과)
공동연구원	황위주(경북대 한문학과) 이세동(경북대 중어중문학과)
종가선정위원장	황위주(경북대 한문학과)
종가선정위원	이수환(영남대 역사학과) 홍원식(계명대 철학과) 배영동(안동대 문화유산학과) 조재모(경북대 건축학과) 이치억(공주대 윤리교육과)
종가연구팀	김소연(영남문화연구원 연구원) 정보선(영남문화연구원 연구원) 김위경(영남문화연구원 연구원) 김종구(영남문화연구원 연구원) 이나영(영남문화연구원 연구원)

축 · 간 · 사

경상북도에서 『**경북의 종가문화**』 **시리즈** 발간사업을 시작한 지 벌써 14년째가 되었습니다. 본 사업은 더 늦기 전에 지역의 종가문화를 기록으로 남겨 후세에 전해야 한다는 절박함에서 비롯되었고, 그간 많은 분들의 노고에 힘입어 어느새 72권의 책자가 발간되는 데 이르렀습니다. 이러한 결실은 우리 지역의 문화자산으로 자리 잡아 가고 있어, 경북 도민의 한 사람으로서 무척 보람되게 생각합니다.

경북은 예로부터 수많은 명현거유名賢巨儒가 배출되었고, 그분들이 이룩한 전통문화가 집적되어 온 중심입니다. 특히 이러한 전통문화의 중심에는 바로 경북의 종가宗家가 있습니다. 종가는 수백 년에 걸쳐 지역 사회의 구심점이자 전통문화의 상징으로 자리 잡아 그 역할을 묵묵히 수행해 왔습니다. 우리 도는 많은 수의 종가가 고유의 문화를 오늘날까지 지켜 오고 있기에, 우리나라 종가문화의 보고寶庫라고 해도 과언이 아닙니다.

하지만 최근 급변하는 사회와 종손·종부의 고령화 등으로 인해 종가문화는 점차 훼손·소멸되고 있는 실정입니다. 이에 경상북도에서는 종가문화를 보존·활용하는 한편, 발전적으로 계승하기 위해 2009년부터 **'종가문화 명품화 사업'**을 추진해 오고 있습니다. 체계적인 학술조사 및 연구를 통해 관련 인프라를 구축하고, 명품 브랜드화 하는 등 향후 발전 가능성을 모색하기 위해 다방면으로 노력하고 있습니다.

경북대학교 영남문화연구원을 통해 2010년부터 추진하고 있는 『경북의 종가문화』 시리즈 발간도 이러한 사업의 일환입니다. 도내 종가를 대상으로 현재까지 『경북의 종가문화』 시리즈 72권을 발간하게 되었으며, 결과물은 관계 문중은 물론 일반인들로부터도 큰 호응을 얻고 있습니다. 이들 시리즈는 종가의 입지 조건과 형성 과정, 역사, 종가의 의례 및 생활문화, 건축문화, 종손과 종부의 일상과 가풍의 전승 등을 토대로 하여 일반인들이 쉽고 재미있게 읽을 수 있는 교양서 형태의 책자 및 영상물(USB)로 제작되었습니다. 철저한 현장조사를 바탕으로 하여 관련 분야 전문가들이 집필함으로써 알차게 내용을 꾸미는 한편, 개별 종가의 특징을 부각시키고자 노력하였습니다.

이러한 노력으로, 금년에는 **『안동 단계 하위지 종가』**, **『영주 소고 박승임 종가』**, **『상주 수암 류진 종가』**, **『봉화 성건재 강찬 종가』** 등 4곳의 종가들 대상으로 시리즈 4권을 발간하게 되었습니다. 이 시리즈의 발간은 계속되어 도내 100개 종가를 목표로 연차적으로 추진해 나갈 계획입니다. 이러한 시도는 종가 관련 자료의 축적을 통해 종가문화 보존 및 활용을 위한 기초자료를 제공함은 물론, 일반인들에게 우리 전통문화의 소중함과 우수성을 알리는 데 크게 도움이 될 것입니다.

최근 유교적 가치와 문화에 대한 재조명이 활발히 이루어지고 있습니다. 그 바탕에는 오늘날까지 전통문화를 올곧이 지켜 온 종문의 숨은 저력이 있었음을 기억하며, 우리 도에 내재한 전통문화를 계승해 나가야 할 것입니다. 이를 통해 경북의 정체성 확립은 물론, 미래지향적인 새로운 정신을 찾아 세계적 정신문화로의 발전으로까지 이어질 수 있을 것이라 확신합니다.

앞으로 경상북도에서는 현재 잊혀져 가는 종가문화에 대한 국가 차원의 컨트롤 타워 건립 유치를 위해 힘쓸 것입니다. 아울러 종가문화에 대한 지속적인 조사·연구 추진과 더불어, 종가의 보존·관리 및 활용방안을 모색하는 데 적극 노력해 나갈 것을 약속드립니다. 이를 통해 전통문화를 소중히 지켜 오신 종손·종부님들의 자긍심을 고취시키고, 나아가 전국의 종가를 연계하는 종가문화 네트워크 구축과 더불어 종가문화를 세계적인 명품 브랜드로 육성해 나갈 계획입니다.

끝으로 이 사업을 위해 애쓰신 정병호 경북대학교 영남문화연구원장님과 연구책임자이신 정우락 교수님을 비롯한 연구원 여러분, 그리고 집필자분들의 노고에 진심으로 감사드립니다. 아울러, 각별한 관심을 갖고 적극적으로 협조해 주신 종손·종부님께도 감사의 말씀을 드립니다.

2023년 3월

경상북도지사 이 철 우

지·은·이·의 말

영주는 선비의 고장이다. 특허청에 '선비의 고장'이라는 명칭으로 특허 등록도 되어 있다. 우리 역사에서 크게 이름을 드러낸 분들이 이곳 영주 출신이기 때문에 영주를 선비의 고장이라고 불러도 지나치지 않을 것이다. 우선 우리나라에 주자학朱子學을 처음으로 도입한 회헌晦軒 안향安珦이 순흥順興 평리촌坪里村 출신이다. 또 조선왕조를 개창開創하여 고통에 신음하는 고려 백성들을 구제해 내는 데 누구보다 주도적인 역할을 한 삼봉三峯 정도전鄭道傳, 우리나라 천문학天文學의 개척자 중의 한 사람인 무송헌撫松軒 김담金淡 등의 출생지인 삼판서고택三判書故宅이 바로 영주에 위치하고 있다. 이와 같은 역사적 배경 속에서 소고嘯皐 박승임朴承任(1517-1586)은 그 훌륭한 전통을 계승하면서도 자기 나름의 역사적 위치를 자리매김하였다.

소고 박승임은 1517년 영주에서 출생했다. 그러나 소고의 성씨인 반남박씨는 영주에 뿌리박은 토성土姓은 아니고 외부에서 이주해 온 내성來姓이다. 소고의 선대先代는 나주 반남潘南 사람으로 나주에서 개성으로 이주하였고 이어서 서울에 거주했다. 그러다가 소고의 조부 때에 이르러 집안의 사정으로 인하여 안동 와룡臥龍의 가구촌柯丘村으로 이주하게 되었고 다시 소고의 백부와 부친이 영주로 이거하여 소고 형제와 사촌들이 출생함으로부터 영주 사람이 되었다. 영주에 정착한 지 얼마 되지 아니하여 영주의 유력한 명문 가문의 하나로 자리 잡기까지 소고 형제와 소고의 사촌 형제들, 그리고 그 후손들의 불굴의 의지와 피나는 노력이 동반되었을 것이다. 이로써 영주에 정착한 반남박씨는 자랑스러운 영주의 역사를 구축하는 데 크게 일익一翼을 담당하였다고 하겠다.

더군다나 소고는 회헌과 삼봉, 무송헌을 포함한 이전 세대와 그다음 세대를 이어주는 중요한 교량의 역할을 했다고 하겠다. 소고의 『문인록門人錄』에 등재되어 있는 제자는 모두 52명으로, 이름이나 생애를 자세히 알 수 없는 제자를 제외하면 영주에 사는 사람이 가장 많으며, 안동과 봉화, 예천에 사는 사람도 있었다. 이로써 소고의 영향력은 경북 북부 지역에 많이 작동되었다고 하겠다. 두드러진 인물로는 백암柏巖 김륵金玏, 성오당省吾堂 이개립李介立, 남천南川 권두문權斗文, 만취당晩翠堂 김개국金蓋國, 물암勿巖 김륭金隆, 안촌安村 배응경裵應褧, 취사炊沙 이여빈李汝馪, 용담龍潭 임흘任屹, 구전苟全 김중청金中清 등이 있다.

영주에서 생장한 소고 박승임은 뚜렷한 스승 없이도 가학家學을 이어 18세에 한성시漢城試에서 장원을 할 만큼 빼어난 학문적 자질을 갖추었다. 그러나 21세 때에 퇴계退溪 이황李滉의 문하에 들어가면서 본격적으로 학문을 다졌다고 하겠다. 퇴계의 문하에서 『예경禮經』과 『주역周易』을 읽었고 또 『근사록近思錄』도 읽었다. 그리고 24세 되던 해 4월에 셋째 형 인암忍菴 승간承侃(1508-?)과 함께 문과에 급제하고 그 해 5월에 승문원권지부정자承文院權知副正字로 관직 생활을 시작하였다. 그리고 28세 되던 해 7월에 호당湖堂에서 사가독서賜暇讀書를 하였는데, 이때 함께 사가독서한 사람들은 스승인 퇴계를 포함하여 인재忍齋 홍섬洪暹(1504-1585), 임당林塘 정유길鄭惟吉(1515-1588), 미암眉巖 류희춘柳希春(1513-1577), 하서河西 김인후金麟厚(1510-1560), 소재穌齋 노수신盧守愼(1515-1590) 등으로 당대의 명사들이었다.

소고의 종가는 지금까지도 소고의 불천위不遷位 제사를 받드는 등 소고 가문의 역사를 고스란히 이어 오고 있다. 현재 소고 15대 종손과 종부가 그 역할을 성실히 수행하고 있고 원근의 종원宗員들도 함께 힘을 보태어 소고의 정신과 학문을 지켜 나가고 있다. 2017년에는 소고 탄신 500주년 기념행사가 종손과 종원을 비롯한 소고선생탄신500주년기념사업회를 중심으로 성대하게 개최된 바 있다. 말이 쉬워 500주년이지 찬란한 우리나라 5000년 역사의 10분지 1에 해당하는 긴 세월이다. 그동안 자연재해와 재난, 사고 등 수많은 어려움이 있었을 터인데도 불굴의 신념과 투지, 부단한 노력을 기울여서 이를 무사히 극복해 내고 오늘날까지 면면하게 그 역사를 이어 온 것에 저절로 고개가 숙여진다.

'앎을 삶으로 실천한 스승'이란 제목의 이 책자는 대략 다섯 부분으로 구성되어 있다. 제1장은 '귀내 마을과 소고종가', 제2장은 '소고의 생애와 학문 저서 및 시 세계', 제3장은 '소고종가의 문헌과 제례', 제4장은 '종가의 건축 문화와 정대亭臺', 제5장은 '소고종가를 지키는 사람들'로 제목을 달았다.

소고가 태어나 자란 마을은 귀내가 아니지만, 소고의 사당과 종택이 현재 귀내 마을에 있기 때문에 제1장에서는 귀내 마을에 대해 살펴보았다. 제2장에서는 소고의 생애와 학문, 저서 및 소고의 시 세계에 대하여 살펴보았다. 사실 소고는 문장으로 이름이 나 있어서 학문적으로는 깊이 있는 저작이 별로 없어 보인다. 『성리유선性理類選』이나 『강목심법綱目心法』 같은 저서가 있으나 아직까지 이에 대한 깊이 있는 연구가 나오지 않아 이 책들이 소고의 독특한 학문 세계를 구축하고 있는지에 대해서는 판단을 유보한다. 앞으로 본격적인 연구가 이루어진다면 소고의 학문 세계의 면모가 확실히 밝혀질 것이다. 그리고 소고의 시 세계에 대해서는 몇몇 저서의 소개와 기존 연구를 참고하였으나 필자가 조금 다른 관점에서 비교적 자세하게 기술하였다.

제3장에서는 소고종가에 소장된 문헌과 소고종가에서 받드는 제례에 대해 살펴보았다. 소고종가에 소장된 문헌은 2003년과 2005년, 그리고 2017년 세 차례에 걸쳐 한국국학진흥원에 기탁된 문헌들과 2006년에 영주시립 소수박물관紹修博物館에 기탁된 문헌으로 구성되어 있다. 그리고 제례는 불천위 제례와 묘소에서 받드는 묘제에 관련해 자세하게 살펴보았다. 불천위에는 국불천위國不遷位와 향불천위鄕不遷位, 사불천위私不遷位가 있는데 소고종가의 불천위는 향불천위鄕不遷位인 듯하다. 제4장에서는 종가의 건축 문화와 정대亭臺에 대하여 살펴보았다. 본문에서도 언급한 바와 같이 현재 소고종가는 한옥이 아니라 2층 양옥으로 되어 있다. 30여 년 전만 해도 한옥이었으나 자연재해로 종가가 무너지는 바람에 새로 종가를 건립할 때 한옥이 내구성에 문제가 있고 화재에 취약하다고 판단하여 당시의 시류에 따라 양옥으로 건축하였다고 한다. 그리고 한정 마을에는 소고가 평소 소요하며 자적했던 소고대嘯皐臺가 있고, 아들인 취수헌醉睡軒 박녹朴漉이 짓고 소고가 명명한 하한정夏寒亭이 있으며, 소고의 손자인 삼락당三樂堂 박종무朴樅茂를 위해 후손들이 지은 삼락당이 있고, 소고가 직접 심은 향나무도 있다.

마지막으로 제5장에서는 소고종가를 오늘날까지 굳건하게 지켜 오며 현재 15대까지 이른 종손과 종부의 이야기를 들어 본다. 종손과 종부로서 누릴 수 있는 권한은 크지 않고 반드시 져야 할 책임감은 너무나 막중함에도 불구하고 소고의 15대 찬우贊佑 종손과 15대 최방예崔芳禮 종부는 꿋꿋하게 그 자리를 지켜 오고 있다. 500여 년을 이어 온 소고종가의 역사와 자부심이 그들의 자세에서 느껴진다. 더 고무적인 일은 종손과의 면담에서도 나타나 있듯이 차종손次宗孫도 종손의 뜻을 이어받아 그 역할을 성실하게 이어 가겠다는 마음을 표출한 것이다. 오늘날 많은 종가가 대내외적으로 상당한 어려움에 처해 있는 상황을 감안해 볼 때 차종손이 말한 바와 같이 자기가 한 말을 실천에 옮긴다면 소고종가의 미래는 아주 밝다고 하겠다.

1556년 병진년에 퇴계가 영천군수榮川郡守 안상安瑺(1511-1573)에게 준, '소수서원紹修書院의 일을 논하여 영천군수榮川郡守에게 주려 하다.' 라는 제목의 「의여영천수논소수서원사擬與榮川守論紹修書院事」라는 편지에서 '풍기에 중거 황준량이 있고 영천에 소고 박중보가 있다.[豊有黃仲擧 榮有朴重甫]'라는 평가를 내렸을 만큼 소고는 영주에서 큰 비중을 차지하는 인물이다. 지금까지의 연구 결과에 한정하여 보면 소고는 학자라기보다는 관료로, 나아가 문장가로서 뛰어난 능력을 보였다. 원접사遠接使의 종사관從事官이 되었고 명나라에 동지부사冬至副使로 가서 문장을 지어 명나라 조정의 예부禮部를 설득해 잘못된 관행을 바로잡는 목적을 달성하였으며 임금이 반포하는 교서敎書를 짓는 일을 담당하는 벼슬인 지제교知製敎를 여러 번 맡았고 명나라에서 조사詔使가 왔을 때 제술관製述官이 되는 등 문장으로 나라를 빛내는 이른바 '문장화국文章華國'의 역할을 충실히 수행해 낸 것이 이를 방증傍證한다고 하겠다.

이렇듯이 훌륭한 조상인 소고를 받드는 소고종가를 비롯하여, 종가는 우리나라에서 특히 경상도에 많이 분포하고 있다. 훌륭한 학자들이 많이 배출되어 나라와 고장에 많은 기여를 하였으므로 국불천위를 받거나 향불천위, 사불천위로 인정받는 경우가 그만큼 많았기 때문이다. 이렇게 불천위를 받은 조상의 위패를 모시는 집안을 종가라 하고 그 자손을 종손과 종부라고 하는데, 이런 종가의 문화는 지금까지도 그래 왔던 것처럼 앞으로도 계속 이어 가야 할 중요한 문화자산이라고 하겠다. 아마 다른 나라에서는 거의 찾아보기 힘든 우리의 독특한 문화가 아닌가 한다. 그렇지만 현재와 같은 개인들의 헌신과 희생으로 종가문화를 유지하라고 강요하는 것은 너무 가혹하거나 지나치다고 하겠다. 따라서 이제는 국가적인 차원에서 훌륭한 전통문화를 이어 간다는 특별한 의지로 제도적인 입법을 통하여 정상화시켜야 할 것이다. 여기에는 무엇보다 국민적인 합의가 전제되어야 원만한 분위기 속에서 종가문화가 유지되고 꽃피울 수 있을 것이다. 어찌 보면 수혜의 당사자인 종가에서 나서기보다 종가문화에 대한 합리적 인식을 가진 모든 사람이 자발적으로 나서서 커다란 사회운동을 일으켜야 할 것이다. 그리하여 우리의 독특한 문화인 종가문화가 유지, 발전되기를 간절하게 기대해 본다.

흑토지세黑兎之歲 맹춘孟春 상완上浣에 순흥順興의 작분원灼蕡園에서 강구율姜求律은 삼가 쓰다.

2023년 3월

강구율

영주 소고 박승임 종가

목 차

제1장

귀내 마을과 소고종가

1 영주 지역의 역사인문지리적 환경

경상북도의 가장 북쪽에 있어서 충청북도 단양군과 강원도 영월군과 접경하는 고을인 영주榮州는 영남의 진산鎭山인 소백산小白山이 자리하고 있는 도시이다. 소백산은 가장 높은 봉우리인 비로봉毗盧峯(1,439m)과 순흥順興의 배점裵店에 살았던 대장장이 배순裵純(1535-1613)이 소경대왕昭敬大王 선조宣祖가 승하昇遐했을 때 이 산에 올라가 서울을 바라보았다는 전설에서 그 이름이 유래된 국망봉國望峯(1,421m), 그리고 제1연화봉(1,394m)과 제2연화봉(1,357m) 등 해발 1,300m가 넘는 산봉우리들이 죽 이어져 있는 백두대간白頭大幹 능선에 놓여 있는 산이다. 소백산은 서울의 삼각산三角山처럼 뾰족한 바위가 겉으로 드러나 있어서 사람들에게 날

눈 내린 소백산 모습

카롭거나 불안한 느낌을 주는 것이 전혀 없으면서 아주 부드럽고 원만하여 포근하고 순한 느낌을 주는 토산土山이라고 하겠다.

격암格庵 남사고南師古(1509-1571)는 자기의 고향인 울진蔚珍에서 한양으로 가다가 소백산이 아주 완벽하게 보이는 영주와 풍기 사이 어느 지점에서 타고 가던 말에서 내려 소백산을 바라보고 넙죽 절을 하고는 "이 산은 사람을 살리는 산이다."라고 하였다는 전설이 있다. 소백산의 이명異名인 '활인산活人山'은 바로 남사고의 이런 전설에서 유래했다.

사실 이 산 아래에 위치하고 있는 지역과 산 아래 살았던 사람들이 해내었던 역사에서의 역할을 보면 이러한 작명이 우연한 일이 아니란 것을 알 수가 있다. 먼저 순흥면 석교리 출신[흥주성남평리촌학교방제興州城南 坪里村 鶴橋傍第]의 회헌晦軒 안향安珦(1243-1306)이 원나라에서 주자학朱子學을 도입하여 우리나라 성리학性理學이 있게 함으로써 바로 우리의 사상과 철학을 살렸다고 볼 수 있겠다. 회헌이 그때 주자학을 도입하지 않았다면 조선조에 들어와서 대표적으로 퇴계退溪와 율곡栗谷을 위시한 많은 학자들이 성리학을 꽃피울 수 있었을까 하는 의문을 가지게 된다. 따라서 회헌 선생의 주자학 도입은 우리의 사상과 철학을 한층 풍성하게 만들었다고 하겠다.

또한 신재愼齋 주세붕周世鵬(1495-1554)이 매년 나라에 공물貢物로 바치던 산삼 대신 인삼 재배에 성공하여 이를 대체한 것은 당시 백성들의 목숨을 살린 일이다. 만약 산삼을 계속 바쳤더라면 많은 풍기 백성들이 소백산을 헤집고 다니며 산삼을 캐느라 농사를 제대로 짓지 못하였을 것이고, 그로 인해 얼마나 많은 사람이 피해를 입었을지는 알 수가 없다. 따라서 신재의 인삼 재배 성공은 백성들의 목숨을 살린 일이라고 하겠다. 더군다나 오늘날 풍기에서 생산되는 인삼은 우리나라뿐만 아니라 전 세계적으로 널리 알려져 그야말로 사람을 살리는 귀중한 약재가 되었다. 이 인삼도 소백산 산록을 비롯한 풍기에서 생산되니 소백산을 활인산活人山이라 해도 무방할 것이다.

그리고 또 한 가지 언급할 수 있는 것은 무엇보다도 이 고장 출신의 삼봉三峯 정도전鄭道傳(1342–1398)이 조선을 개국함으로써 왕조말기적 폐단으로 신음하던 고려 백성들을 살려 낸 점이다. 고려의 백성들은 삼봉이 살던 고려 말기로 접어들면서 오랜 세월 동안 누적된 각종 적폐積弊들로 인하여 극심한 고통 속에서 신음하고 있었다. 삼봉은 비록 친원파 이인임李仁任(?–1388)에 대항하다가 좌절되어 전라도 나주羅州의 거평부곡居平部曲으로 유배를 갔으나 고통 속에서 신음하던 그곳 백성들의 삶을 몸소 목격하고 체험함으로써 백성들의 고통을 근본적으로 해소할 수 있는 방법에 대해 고민하게 된다. 그로 인해 새로운 질서와 통치 이념으로 새로운 왕조를 개창함으로써 백성들의 삶을 획기적으로 개선하였으니 결국 많은 사람들을 살린 결과가 된다. 이와 같은 몇 가지 예를 통해서 보면 소백산의 이름이 사람을 살리는 산인 활인산活人山이라는 점은 역시 결코 우연이 아니었다는 사실을 알 수 있다.

일반적으로 양백兩白이라고 하면 태백산太白山과 소백산을 지칭한다. 이곳 소백산 아래는 일찍이 우리나라에 주자학을 처음으로 도입한 회헌晦軒 안향安珦의 고향이 있는 곳이기도 하다. 비록 회헌 안향이 이곳에서 오래 살지는 못하고 부친을 따라 개경으로 올라가 그곳에서 일생을 마쳤지만, 어린 시절 숙수사宿水寺에서 공부를 한 바가 있었다. 세월이 한참 흐른 후인 1541년에 풍기군수豊基郡守로 부임한 경남 합천陜川 출신 신재愼齋 주세붕周世鵬이 그 터에다 1543년 우리나라 최초의 서원인 백운동서원白雲洞書院을

삼봉과 무송헌이 태어난 삼판서고택

건립하여 인재들이 강학을 할 수 있는 장소로 만들었다. 그 후에 퇴계退溪 이황李滉(1501–1570) 역시 풍기군수로 부임해 와서 백운동서원을 인재를 양성하고 성리학을 공부하는 명실상부한 서원으로 만들기 위하여 경상도관찰사 욱재勖齋 심통원沈通源(1499–?)에게 글을 올려 나라에서 정식으로 인정하는 최초의 사액서원賜額書院인 소수서원紹修書院이 되게 하였다. 또한 퇴계는 이보다 앞서 젊은 시절 영주에 있던 의국醫局인 제민루濟民樓에서 공부를 하였고 창계滄溪 문경동文敬仝(1457–1521)의 사위인 진사 허찬許瓚(1481–1535)의 맏딸 정경부인貞敬夫人 허씨에게 장가를 들어 신접살림을

소수서원 명륜당

영주시 휴천3동 '푸실[草谷]' 마을에서 시작하였다. 퇴계의 형인 온계溫溪 이해李瀣(1496-1550)도 18세에 이산면 신암2리 머름[斗巖]에 사는 연안김씨 김복흥金復興(1482-1537)의 딸에게 장가를 들어 처가에서 공부하다가 문과에 급제하였다.

그리고 경기체가景幾體歌인 「죽계별곡竹溪別曲」을 지은 순흥 출신의 근재謹齋 안축安軸(1287-1348)과 그의 아우 안보安輔(1302-1357)도 모두 소수서원에 배향된 인물로 영주가 학문의 고장이란 사실을 주장하는 논거에 힘을 보탠다고 하겠다.

또한 조선 왕조를 개창하는 데 결정적이고도 주도적인 역할을 했던 삼봉三峯 정도전鄭道傳도 영주의 구성산龜城山 아래에 있는 삼판서고택三判書故宅에서 출생하여 병부원외랑兵部員外郎 최림崔霖에게 수학하다가 부친인 염의廉義 정운경鄭云敬(1305–1366)을 따라 개경으로 이주한 후에는 목은牧隱 이색李穡(1328–1396)의 문하에서 수학하였다. 그리고 우리나라 천문학 분야에서 독보적인 역할을 했던 무송헌撫松軒 김담金淡(1416–1464) 역시 삼판서고택에서 출생하여 세종과 세조 조에 크게 활약하였다.

비록 회헌 안향과 삼봉 정도전이 일생을 영주에서 보내지는 않았으나 그들이 학문적으로 성숙할 수 있는 환경은 이미 영주지역에 충분히 조성되어 있었다고 하겠다. 김담은 영주에서 출생하여 관계로 나아가 활동하다가 다시 고향으로 돌아와 지냈다. 이처럼 영주는 자연적인 조건과 인문학적 환경이 잘 갖추어져 있는 고을로 소고嘯皐 박승임朴承任(1517–1586)이 태어나 활약할 수 있었던 필요조건이 이미 충분하게 마련되어 있었다고 하겠다.

귀내 마을과
소고종가

2 반남박씨의 영주 입향

영주시 고현동 '귀내'는 한자로 고현古峴이라고 표기되는 동네이다. 현재는 웃귀내[상고현上古峴]와 아랫귀내[하고현下古峴] 두 동네로 구성되어 있는데 소고의 사당이 있고 종손이 살고 있는 마을은 아랫귀내이다.

500여 년 동안 영주에서 세가世家를 이루며 대대로 살아온 반남박씨는 본래 영주의 토성土姓이 아니고 외부에서 이주해 온 성씨인 내성來姓이다. 반남박씨는 나주羅州의 반남潘南에서 일어나 개성開城으로 이주하여 지내다가 경상도 안동을 거쳐 영주로 왔다. 여러 가지 이설異說이 있지만 판관공判官公 박병균朴秉鈞이 홍주판관洪州判官으로 재직하고 있을 때 역질疫疾로 부부가 급서急逝

하자 그 아들인 증좌승지贈左承旨 숙碆(1444-1526)이 15세 무렵인 1458년 6월 28일에 대고모부大姑母夫인 양성인陽城人 이중李重이 안동호부사安東都護府使로 부임할 때 따라서 안동으로 내려와 와룡면臥龍面 가구리佳句里(옛날에는 '가구柯丘'로 표기하였음)에 터전을 잡고 정착하였다는 설이 유력하다. 그는 여기에서 능성구씨綾城具氏 집안에 장가를 들어서 사직공司直公 침琛, 가선공嘉善公 진璡, 참판공參判公 형珩(1479-1549) 삼형제를 두었다. 그리고 가선공 진璡은 안동에 그대로 남고, 1500년대 초기에 사직공司直公 침琛은 영주시 문수면文殊面 월호리月呼里로, 참판공參判公 형珩은 영주시 영주동 두서리杜西里로 각각 이주해 오면서 영주의 반남박씨가 비로소 본격적으로 영주 역사에 등장하여 명문거족으로 성장하게 된다.

소고의 선대先代를 살펴보면 소고는 고려 우문관직제학右文館直提學, 판전교시사判典校寺事를 지낸 문정공文正公 상충尙衷(1332-1375)의 아들이자 조선조의 좌명공신佐命功臣으로 조선 태종 때 좌의정左議政을 지낸 금천부원군錦川府院君 평도공平度公 조은釣隱 은訔(1370-1422)의 6세손이다. 고조부 휘 규葵(?-1437)는 경상관찰사慶尙觀察使로 호조참판戶曹參判을 거쳐 동지중추원사同知中樞院事를 역임했고 증조부 휘 병균秉鈞은 사온서령司醞署令, 홍주판관洪州判官으로 통례원좌통례通禮院左通禮에 추증追贈되었으며 조부 휘 숙碆(1444-1526)은 충의위부사직忠義衛副司直으로 통정대부승정원좌부승지通政大夫承政院左副承旨에 추증되었고 부친 휘 형珩(1479-1549)은 성균진사成均進士로 가선대부이조참판겸동지의금부지사嘉善大夫吏曹參判兼同知義禁府知事의 벼슬에 추증되었다. 모친 예안김씨禮安金氏는 가선대부호조참판嘉善大夫戶曹參判 김로金輅(1355-1416)의 후손으로, 벼슬하지 않고 마을에 살면서 사람들에게 순후한 장자長者로 일컬어진 김만일金萬鎰의 따님이며, 이조판서吏曹判書 담淡(1416-1464)의 아우인 통찬通贊 홍洪의 손녀이다.

증좌승지贈左承旨 숙碻(1444-1526)의 맏이인 사직공司直公 침琛은 문수면文殊面 월호리月呼里(원창元昌, 원정골)에다 터를 잡았다. 그의 맏아들인 승장承張은 그대로 문수면 월호리 원창에 살았고 둘째 아들인 소장紹張은 문수면 조제리助梯里(속칭 잔드리) 간곡間谷으로 각각 이거移居하였다. 그 후 승장承張의 아들 담수聃壽가 장수면長壽面 호문리好文里 녹동鹿洞 방상골에 옮겨 살았으며 담수聃壽의 증손 내길來吉과 처길處吉이 병자호란 직후에 문수면 권선리權先里 고랑골[高浪谷], 일명 난곡蘭谷에 다시 터전을 열었다. 소장紹張의 둘째 손자 종룡從龍은 조제의 동쪽 마을인 문수면 탄산리炭山里 머럼[遠巖]에 자리 잡았고 소장의 5대손 수檖가 1666년 머럼 마을의 동쪽 내성천乃城川 건너편의 무섬[水島] 마을을 개척하여 마을 이름을 섬계剡溪로 짓고 터전을 잡았다. 이후 360여 년 동안 전통 한옥 마을을 유지해 온 무섬 마을은 현재 경상북도 문화재 마을과 영주시 민속마을로 지정되어 보존되고 있다.

막내인 참판공參判公 형珩은 영주 두서杜西, 속칭 뒷새에 자리를 잡았다가 가세家勢가 번창하자 원당元塘, 귀내[古峴], 수구리[內林],

수도리 마을

한정寒亭, 서리골[蟠谷], 덕바우[德巖] 마을로 터전을 넓혀서 지금까지 집성촌을 이루고 있다. 귀내와 수구리 마을은 대사간大司諫 소고의 맏손자인 진사 회무檜茂의 후손들이 살고 있으며 한정과 서리골과 덕바우는 둘째 손자인 진사 종무樅茂의 후손들이 자리잡아 살고 있다.

귀내 마을과
소고종가

3 반남박씨 가문이 배출한 인물들

반남박씨 가문이 배출한 인물을 소개하자면 바로 영주 입향조入鄕祖인 증좌승지贈左承旨 침琛의 후손과 증이조참판贈吏曹叅判 형珩의 후손들이 대부분이다. 이 인물들의 면모를 침의 후손과 형의 후손으로 구분하지 않고 함께 기술하고자 한다.

먼저 소고의 형인 인암忍庵 박승간朴承侃(1508-?)의 생애를 보자. 그는 퇴계退溪 이황李滉의 문인門人으로 문과에 급제한 후 개령현감開寧縣監·강릉대도호부사江陵大都護府使 등을 지냈다. 박승간의 본관은 반남潘南으로 자는 자열子悅이다. 부친은 증이조참판 형珩이고 모친은 김만일金萬鎰의 딸 정부인貞夫人 예안김씨禮安金氏이다. 부인은 참봉叅奉을 지낸 권호權顥의 딸 안동권씨安東權氏이다.

박승간은 1531년(중종 26) 생원시에 급제하였으며 1540년(중종 35)에는 식년시 문과에 급제하였고 아우 승임承任 및 황준량黃俊良(1517-1563)과 동방同榜이다. 1543년(중종 38) 아우 승임과 함께 청량산淸凉山에서 공부하였고 이황의 문하에서 학문을 배웠다. 1544년(중종 39) 형제들과 함께 부모를 위해 잔치를 베풀었다. 이때 풍기군수 주세붕周世鵬이 화공에게 축하연祝賀宴의 그림을 그리게 했으며 죽유竹牖 오운吳澐(1540-1617)이 그림의 후기後記를 작성해 주었다.

박승간은 1556년(명종 11) 경상우도경차관慶尙右道敬差官으로 파견되었으며 1559년(명종 14) 강릉대도호부사江陵大都護府使로 부임하였다. 1562년에는 경상도점마어사慶尙道點馬御史에 임명되었다. 관직에서 물러난 후에는 지금의 봉화군 태백산太白山으로 거처를 옮겨서 당호堂號를 '인암忍菴'이라 짓고 소요하였다. 박승간은 평소에 금계錦溪 황준량黃俊良·류희춘柳希春(1513-1577)·백담栢潭 구봉령具鳳齡(1526-1586)·일계逸溪 채무일蔡無逸(1496-1556)·입암立巖 류중영柳仲郢(1515-1573) 등의 명현들과 교유하였다. 묘소는 봉화군 봉성면鳳城面 봉양리鳳陽里에 있다.

다음으로 취수헌醉睡軒 박녹朴漉(1542-1632)이 있다. 그의 자는 자징子澄이고 호는 취수헌醉睡軒이다. 부친은 사간원대사간司諫院大司諫을 지낸 승임承任이고 어머니는 집의執義를 지낸 졸헌拙軒 권오기權五紀(1463-?)의 딸 정부인貞夫人 예천권씨醴泉權氏이다. 조부는 진사 형珩이고 증조부는 홍주판관洪州判官을 지낸 병균秉均이다.

부인은 생원生員 허사렴許士廉의 딸인 정부인貞夫人 김해허씨金海許氏이다. 박녹이 영천군 초곡방草谷坊(지금의 영주시 문정동 '한정' 마을) 일대로 이거하면서, 초곡방 일대에 박녹 후손들이 세거하게 되었다.

박녹은 시와 예에 밝았지만 아버지 승임이 세상을 떠난 후에는 과거에 뜻을 두지 않았다. 1592년(선조 25) 임진왜란이 일어나자 고향에서 의병을 일으켰는데 고을 사람들이 박녹을 의병장으로 추대하였다. 이때 박녹은 정탐과 복병을 통해 왜군이 영천군 경내에 들어오지 못하게 하였다.

박녹은 1594년 천거를 통해 태릉참봉泰陵參奉에 제수되었고 1595년 집경전참봉集慶殿參奉으로 옮겼다. 1598년에는 사근도찰방沙斤道察訪으로 부임하여 병란으로 피폐해진 민졸民卒들을 안정시켰다. 1603년(선조 36)에는 의금부도사義禁府都事에 제수되었다. 1630년(인조 8) 수직壽職으로 통정대부通政大夫에 올랐고 90세가 되기 전에 가선대부嘉善大夫의 품계가 내려졌다. 박녹은 고향 초곡방 한정 마을에 정자를 짓고 소요하였는데 아버지 승임이 '하한정夏寒亭'이라는 이름을 지어 주었다.

또 취수헌의 아들인 박회무朴檜茂(1575-1666)가 있다. 그의 자는 중식仲植이며 호는 육우당六友堂·숭정야로崇禎野老이다. 부친은 의금부도사義禁府都事를 지낸 녹漉이고 모친은 생원 허사렴許士廉의 딸 정부인貞夫人 김해허씨金海許氏이다. 부인은 예문관검열藝文館檢閱을 지낸 근시재近始齋 김해金垓(1555-1593)의 딸인 정부인貞夫人 광산김씨光山金氏이다.

박회무는 한강寒岡 정구鄭逑(1543-1620)와 우복愚伏 정경세鄭經世(1563-1633)의 문하에서 학문을 배웠으며, 1606년(선조 39) 진사시에 급제하였다. 1610년(광해군 2) 광해군光海君에게 『용비어천가龍飛御天歌』를 바치고 숙마熟馬 1필을 하사받았다. 1624년(인조 2) 이괄李适(1587-1624)의 난이 일어났을 때 고향인 경상도 영천군의 사람들이 박회무를 의병장으로 추대하였다. 1627년 정묘호란 때에는 의금부도사義禁府都事로 있으면서 인조를 강화도까지 호종扈從하였다. 1636년(인조 14) 인조가 구언求言을 하였는데 박회무는 '교화를 세울 것[立敎化], 군율을 엄격히 할 것[嚴軍律], 상벌을 분명히 할 것[明賞罰], 어진 인재를 가려 쓸 것[擇賢才], 쓸데없는 비용을 줄일 것[省浮費], 재해를 구원하고 백성을 구휼할 것[救災賑民], 서북 변경의 국방을 튼튼히 하기 위해 정예병을 양성할 것[關防養兵]' 등의 내용이 담긴 상소문을 올렸다. 1636년 겨울 병자호란이 일어나자 의병을 일으켰으나, 청풍 경계에서 남한산성이 함락되었다는 소식을 듣고 통곡하며 돌아왔다.

이후 박회무는 두문불출한 채 독서에 전념하였다. 또 스스로 '숭정야로崇禎野老'라는 네 글자를 침상 벽 위에다 써 놓고 명나라 신종神宗의 기일마다 서쪽을 향해 통곡하였으며 '숭정崇禎'이라는 연호를 사용하였다. 평소 뜰에 소나무[松-蒼官]·회나무[檜-壯節翁]·매화나무[梅-紅領仙]·대나무[竹-此君]·연꽃[蓮-淨友]·국화꽃[菊-隱逸]을 심고 이를 벗 삼으며 소요하였기에 스스로 호를 '육우六友'라 하였다. 그리고 책상 옆에는 「경재잠敬齋箴」을 써 붙이고 매일 정자程子와 주자의 저서를 열람하였으며, 수천 권에 이르는 제자서諸子書와 역사에 관한 책을 두루 읽으며 구두점句讀點을 찍었다. 박회무는 1641년 음직蔭職으로 황산도찰방黃山道察訪에 제수되었다. 70세가 될 때까지 강학을 그치지 않았으며 학사鶴沙 김응조金應祖(1587-1667) 등과 교유하였다. 1664년(현종 5) 90세가 되어 통정대부通政大夫에 가자加資되었다. 만년에는 '제사를 삼가 받들 것[謹祭祀], 가계를 보전할 것[保家計], 비의사非義事를 하지 말 것[勿非義事]' 등을 계훈戒訓으로 남겨 자손들이 대대로 지킬 미담으로 삼게 하였다.

묘소는 안동시 도산면 선양리에 있다가 영주시 이산면 내림리 선영하로 면봉(이장)하였다. 박회무는 1786년(정조 10) 지금의 영주시 문정동에 건립됐던 한천서원寒泉書院에 제향되었다. 한천서원은 1868년(고종 5) 흥선대원군의 서원훼철령으로 철폐된 후 복설되지 못하였다. 한편 경상북도 영주시 고현동 귀내 마을에는 현재 육우당六友堂이 후손들에 의해 새롭게 건립되어 있다.

다음으로 삼락당三樂堂 박종무朴樅茂(1582-1664)의 생애를 살펴보기로 한다. 그의 자는 계직季直이다. 호는 삼락당三樂堂인데, 삼락은 최락最樂과 지락至樂과 역락亦樂이다. 28세에 진사가 되었다. 뒤에 우복愚伏 정경세鄭經世와 여헌旅軒 장현광張顯光(1554-1637), 창석蒼石 이준李埈(1560-1635) 등의 문하에서 배웠는데 특히 한강寒岡 정구鄭逑에게 많은 질정質正을 하였다. 1624년(인조 2) 이괄李适의 난이 일어나 인조가 충청도 공주로 몽진蒙塵을 할 때, 박종무는

소고 장손 육우당 박회무가 건립한 육우당 전경

의병으로 활동하면서 군향軍餉을 관리하기에 힘을 다 쏟았다. 그러면서도 자기의 노고는 말하지 아니하고 "순국殉國하는 것이 직분이다."라고 하였다. 그리고 왕가王家의 제일祭日에는 원근을 가리지 않고 반드시 소식素食을 하였다. 병자호란 이듬해에는 청淸에게 유린을 당한 뒤로 온 나라가 청의 연호를 따르는 것에 대해 분개憤慨해 마지아니하며, 홀로 명나라의 숭정연호崇禎年號를 쓰고 연화산蓮華山으로 들어가서 세상을 마쳤다.

그런데 이런 일도 있었다. 박종무가 향교의 전교典校로 있을 때 수복守僕이 관형官刑을 받고 죽은 일이 있었는데, 그는 학생들과 함께 한 달 이상 향교에 들어가지 아니하였다. 이에 감사가 그 연유를 물으며 그를 힐난詰難하니, 박종무가 "후주後周의 세종世宗은 공림孔林을 지나다가 땔나무하는 일과 방목放牧하는 일을 삼가지 않았다는 이유로 분노해서, 그의 근방에 있는 네댓 가구를 죽이고 그 땅을 수호하는 장관까지 문책했습니다. 그런데 오늘날 묘지기[廟直]가 비록 천하다고 해도 초목에 비하면 다를 것인데, 무고한 이를 풀을 베듯이 때려죽였으니 도대체 성묘聖廟를 존봉尊奉하는 까닭이 무엇입니까?"라고 대답하였다. 그 말을 듣고 감사가 관리를 징벌하자 삼락당은 그 후에 향교로 들어갔다.

다음으로 반학정伴鶴亭 박경증朴景曾(1611-1669)의 생애를 살펴보자. 반학정의 자는 여유汝唯이다. 부친 직稷은 선무랑宣務郎으로 호號는 묵암默庵이다. 모친은 진성이씨眞城李氏로 송간공松澗公 정회庭檜의 딸이다. 또 본생부本生父는 농穠이고, 본생모本生母는 덕산윤씨德山尹氏로 생원 의찬義贊의 딸이다. 반학정은 1611년(광해군 3)에 출생하였다. 족조族祖인 육우당六友堂과 삼락당三樂堂 두 공에게 가정의 시례詩禮에 대한 깊은 뜻을 배웠다. 1636년(인조 14) 병자호란丙子胡亂이 일어났을 때, 반학정은 인조가 청나라에 항복했다는 소식을 듣고 분개하여, 나이가 한창 젊은 이십 대 중반임에도 불구하고 과거 보는 것을 포기하였다. 그리고는 경치 좋은 산림으로 들어가 자그마한 정자 하나를 세워서 '반학정伴鶴亭'이라는 현판을 걸고 만년에 서식棲息하는 장소로 삼았다. 학사鶴沙 김응조金應祖(1587-1667)의 정자가 내성천乃城川 하류 가까운 곳에 있

반학정 박경증이 건립한 반학정 전경

반학정 현판

고 우천愚川 정칙鄭侙(1601–1663)의 별장 또한 인근에 있어서, 서로 왕래하며 창수唱酬한 시가 매우 많이 있다. 그리고 독서하고 강의하면서 후진을 가르치며 한가로이 거처하였고, 남을 접대하는 데는 친소親疏를 가리지 않았으며, 사치奢侈하고 검약儉約함에 법도가 있었으니 세상 사람들이 그를 '남도주인南道主人'이라고 일컬었고 음사蔭仕로서 사직司直이 되었다. 또 동암東巖 권성오權省吾(1587–1671), 매음梅陰 나이준羅以俊(1602–1686), 검암儉巖 정언숙丁彦璹(1600–1693) 등 여러 선배들과 더불어 창수한 『삼일선유록三日仙遊錄』이 전해지고 있다. 향년 59세로 1669년(현종 10)에 별세하였다.

다음은 일포逸圃 박시원朴時源(1764–1842)의 생애에 대하여 기술하고자 한다. 일포의 자는 치실穉實이다. 고조부는 사기嗣基로 증좌승지贈左承旨이다. 증조부는 문엽文曄으로 독학篤學하고 역행力行하여 『주자찬휘朱子纂彙』를 지었다. 조부는 정구鼎九이고 부친은 사표師豹로 첨추僉樞이다. 모친은 숙부인淑夫人 안동권씨安東權氏로 취규就揆의 딸이다. 또한 계비繼妣는 숙부인淑夫人 청도김씨淸道金氏인데, 필화必鏵의 딸로 병산甁山 김난상金鸞祥(1507–1570)의 후예後裔이다. 일포는 권씨權氏의 소생이다. 일포는 1764년(영조 40) 10월 10일에 출생하였다. 그 당시 조부의 꿈에 소고 선생이 나타나, 문앞에 다다라서 조부에게 한 보배로운 지팡이를 주었다. 조부가 그것을 받고 깨어나 보니 일포가 태어났다.

일포는 총명하고 출중하여 겨우 말을 배울 때 시구詩句를 지어 사람들을 놀라게 하였다. 5세 때에 모친상을 당하고 애통해

함이 성인成人들과 같았다. 14세에는 동자童子로서 거재居齋하여 단계서원丹溪書院에서 강독했는데 능숙하였다. 그 후로는 문사文辭가 날로 진보하여 문단文壇에서 수위首位가 되었다. 정조正祖 기유년(1789)에 진사시에 입격하고, 무오년(1798)에는 급제했다. 왕이 친히 일포를 보고 그에게 가세家世를 상세히 물어서 포양褒揚을 하니 그의 영광이 조정에 가득하였다. 그리하여 일포는 선릉宣陵의 직장直長이 되었는데 조부의 상을 당하여 능향陵享에 참석하지 못하면서 직책에서 밀려났다.

무진년(1808)에는 병조정랑兵曹正郞과 지평持平으로 승진하였다. 신미년(1811)에는 부친상을 당하매 과도하게 슬퍼하였다. 갑술년(1814)에는 지평持平으로 임명되어 소명召命을 받고 나아갔다. 그 이듬해에는 정언正言으로 임명되었으나 부임하지 아니하고, 병자년(1816)에는 이조정랑吏曹正郞이 되고 기묘년(1819)에는 장령掌令을 거쳐서 임오년(1822)에는 봉화현감奉化縣監이 되었다. 학교 정책에 힘을 쓰니 문화가 크게 일어났다. 또 경내에 손상된 정려旌閭가 있는 것을 수리하고, 민간에 폐괴弊壞되어 있는 것은 제거하였다.

갑신년(1824)에는 사헌부司憲府와 사간원司諫院의 관직인 대직臺職으로 들어갔고, 을유년(1825)에는 정언正言, 경인년(1830)에는 지평持平, 계사년(1833)에는 헌납獻納으로 임명되었으나 부임을 하지 않았다. 갑오년(1834)에는 집의執義가 되었다.

그 이듬해에 헌종憲宗이 즉위하자 상소해서, 군덕君德에 힘쓰고 민생民生을 걱정하며 주자朱子의 기유년 봉사封事와 퇴계退溪의 성학십도聖學十圖로 강학의 요지로 삼고, 백골포白骨布의 원통한 징수를 제거함이 휼민恤民하는 급선무라고 주장하였다. 그리하여 왕이 비준批准하고 이어서 헌납獻納으로 임명하는 소명召命이 있었다. 그래서 재차 상소하여 전소前疏의 성학聖學과 백성들의 숨은 고통인 민은民隱을 다시 말하고, 끝으로 과거의 폐단을 진술하였는데 그것을 왕이 비준해서 묘당廟堂으로 하여 처리토록 하였다. 그리고 병신년(1836)에 다시 사간司諫이 되고 그 후로도 여러 번 대직臺職으로 임명되었으나 다 취임은 하지 않았다. 1842년(헌종 8) 3월 28일에 반곡蟠谷의 본가에서 서거하니 향년이 79세였다.

일포는 비록 어버이의 뜻을 어기고 과거 시험인 공령功令에 종사해도 일찍이 이렇게 말하였다. "경학經學과 문장文章은 본시 두 개의 상相이 아니니, 선비가 만약에 입신양명立身揚名에 뜻을 두어서 규범을 잃지 않고 순서대로만 나아가면 과거를 하는 것도 해가 될 것은 없다." 10년이나 거재居齋를 해도 일찍이 성균관成均館 밖으로는 나가지 아니하고 그 안에서만 독서를 하였다. 그래서 출세한 뒤로는 출처진퇴出處進退함을 중도中道에 맞게 하여, 관직에 있기만 하면 마음을 다해서 봉사奉仕하고 직위가 갈리게 되면 바로 물러나와 서울에 머물러 있지 않았다. 일찍이 「사군물기설事君勿欺說」을 지어서 충신애국忠信愛國하는 뜻을 말했다. 또한 '무기무위불희불학無磯無韋不嘻不嗃'의 여덟 글자를 벽 위에 써 붙이고 스스로를 경계하여, 일생에 실행한 것이 모두 진실에서 나왔고 수식하지는 않았다. 평시에는 학문으로서 자처自處하지는 않았으나 그의 성명性命의 원리와 경의經義의 오의奧義는 마음속에서 깨달았던 것이다. 만년에는 안질眼疾이 생기는 바람에 두 눈이 다 안 보여서 경전을 외우기만 하였으나 항상 마음에 두고 방심하지 않았다.

다음으로 괴천槐川 박홍준朴弘儁의 생애를 살펴보자. 괴천의 자는 여관汝寬인데 뒤에 자의子毅로 고쳤다. 1704년(숙종 30) 9월 25일에 출생하였는데, 어려서부터 관대寬大하고 침중沉重하게 행동하는 것을 법도에 맞게 하였고 주야로 공부해서 일찍 성취를 이루니 동료들이 감히 따라가지 못하였다.

병오년(1726)에 진사가 되고 을묘년(1735)에 대과大科에 급제하여 승문원承文院 권지정자權知正字가 되었다. 그러나 그 후에 부친상을 당하여 3년상을 마치고 나서 부정자副正字로 임명되었다가 저작랑著作郎을 거쳐서 주서注書로 전임轉任되었다. 그런데 이를 못마땅하게 여기는 자가 대관臺官을 시켜 괴천을 탄핵하자, 괴천은 상소하여 관직에서 물러나고 그와 더불어 다투지는 않았다. 대관臺官이 곧바로 자기의 잘못을 깨닫고 괴천에게 부끄러워서 사과하는 말도 하지 못하니 괴천은 승정원주서承政院注書로 당후堂後에 물러나면서도 이전의 일에 대해서는 입 밖에 내지 않았다. 그리고 호조좌랑戶曹佐郎으로 승진했다가 바로 검열檢閱로 선임되었다.

갑자년(1744)에서 정묘년(1747)까지는 정언正言, 지평持平으로 재삼중임再三重任을 하였다. 정언正言이 되었을 때는 시폐時弊를 논한 상소를 올려서 급속도로 승진시키는 습속을 통렬하게 논박

하고, 또한 종친들만 치우치게 총애함과 청궁이 토지에 가감加歛하는 실정失政을 말했으며, 끝으로 또한 신임新任이 보필할 인재가 아님과 유신儒臣의 논척論斥으로 파면된 자를 모두 용서해야 한다는 것을 요청하였다. 왕은 이 상소를 보고 괴천을 불러들여 엄하게 문책을 하고 탐욕으로 인해 급속도로 승진된 자의 성명姓名을 가혹하게 질문했다. 괴천은 태연히 대답하되 "오늘날의 조정 신하들은 모두가 다 이런 신하들인데 어찌 감히 하나하나 지명하겠습니까?"라고 하였다. 그래서 왕이 또 종친을 치우치게 총애한 자가 누구냐고 묻자 괴천은 바로 그 사람을 들어서 대항하는 말을 그치지 않으니 왕도 또한 그의 강직함을 알고서 다시는 재삼 묻지 아니하였다.

괴천이 대신을 배척한 것으로 인하여 진도군수珍島郡守로 보임하여 나갈 때에, 괴천과 같이 왕을 입시入侍하던 자가 손을 잡고 찬탄하여 말하기를 "왕께서 진노震怒하셔서 우리들은 모두 움츠리고 있는데 괴천은 홀로 감히 진언進言해서 굽히지 않으니 참으로 직신直臣이다."라고 하였다. 그리고 괴천이 진도군수로 부임해서는 청간淸簡으로 자신을 바르게 하고, 성신誠信으로 아랫사람을 부리며, 납밀蠟蜜과 어염魚鹽 등 일체 명목이 없는 세금을 모두 감폐減廢하고, 교화를 먼저 하고 형벌의 위엄을 뒤로 하니, 진도에 사는 백성들이 크게 즐거워하였다. 그리고 얼마 안 되어 세자시강원世子侍講院의 사서司書로 제수되어 돌아왔다가 신미년(1751)에는 영광군수靈光郡守로 나아갔다. 영광은 읍의 규모가 크고 일이 많아서 본래 다스리기가 어렵기로 소문이 났었는데, 괴천은 부드러운 법술法術로 간략簡略하게 다스리고 교화敎化하는 데 힘을 썼으며, 퇴근하면 책상에서 독서만 하니, 군청 안이 적적寂寂하여 무사한 듯하였다. 그해 겨울에는 사간원헌납司諫院獻納으로 조정에 들어가 그때부터 두 번이나 헌납獻納이 되고, 그 사이에도 태안군수泰安郡守로 임명되었으나 모두 부임하지 않았다.

계유년(1753)에는 사간司諫이 되어 대궐에 들어갈 때, 신임사화辛壬士禍가 일어나서 국시國是가 정해지지 못하고 여론이 오래 분분했다. 괴천이 자주 합계合啓해서 징토懲討하자는 의논을 제출하자, 동료들이 그를 주목하면서도 혹 시의時宜를 알지 못한다는 비난도 하니, 괴천은 개연慨然히 탄식하며 말하기를 "금번에 잡은 바는 오직 이 한 가지 일뿐인데 이미 이것을 하지 못했으나 또한 어찌 차마 형세만 따라서 소찬素餐이나 하고 나의 결심을 저버릴까?"라고 하고는 드디어 휴가를 얻어서 귀향하였다.

을해년(1755) 5월에는 역적의 무리인 심정연沈鼎衍이 시험장에 들어온 것을 이용하여 익명匿名으로 투서를 하였는데, 그의 어의語意가 양궁兩宮을 핍박함이 흉악하고 간사하였다. 그래서 그를 체포하여 신문하니 중외中外가 소연騷然하였다. 괴천은 그때 집의執義로 임명되었다는 통지를 받고 의리상 감히 향리鄕里에 있을 수가 없어서 바로 길을 떠났다. 서울에 들어오니 옥사獄事는 일단락이 되었으나 민심은 아직 흉흉하였다. 괴천은 현실을 걱정하고 한탄하여 말했다. "연잉군延礽君 영조英祖가 대리로 정무를 본 이

후로는 언로言路가 대조大朝에 통하지 못하고 소조小朝의 사령辭令도 또한 형적形跡에 장애가 됨을 면치 못해서 흉인凶人이 이것을 구실로 삼았으니 어찌 통탄할 일이 아니겠는가?"라고 하였다. 드디어 상서上書해서 경계하되 "신은 엎드려 생각해 보니 저하邸下인 사도세자思悼世子께서는 매양 청신請臣의 서청書請에 대하여 모두 앙품仰稟하기 어렵다고 말씀하시니 신은 가만히 걱정이 됩니다. 제왕의 효도는 사서인士庶人과는 같지 않으니 저하께서는 사직을 보전함을 효도로 해야 합니다. 왕세자가 문안을 드리고 아침 저녁으로 임금이 드실 수라상을 몸소 돌보던 시선視膳을 올리는 것은 비록 소절小節이라고 해도 가한 것입니다. 그런데 만약 그의 성심誠心을 쌓는 데는 반드시 이러한 절목節目에서부터 하고 비로소 문안을 드릴 때 지성至誠으로 행하고 시선視膳을 할 때도 지성至誠으로 행하여야 합니다. 그리고 그것을 미루어 일용日用에서 시봉侍奉하는 절목節目에까지 언제나 지성至誠으로 해야 하니, 언제나 지성至誠으로만 하면 양궁兩宮의 사이에 성의誠意가 소통해서 일체一體가 될 것입니다. 그렇게 하면 저하께서 품의稟議하려고 하는 것은 전하께서 반드시 즐겁게 들을 것이고 저하께서 행하려는 것은 전하께서 반드시 즐겁게 따를 것입니다. 그래서 모든 일이 합의合宜하게 되면 하느님도 즐거워하여 화기和氣가 반드시 올 것입니다."라고 하였다.

또한 "민생民生이 피폐함은 부역賦役이 편중偏重되었기 때문이니, 청컨대 상평常平의 이식利息을 회수해서 거꾸로 매달린 것처럼 어려움을 겪는 백성을 풀어 놓아서 국가의 근본을 굳게 하고 화해禍害의 소지를 없애 버리소서."라고 하는 상서上書가 들어가니 관례대로 비답批答이 내려왔다. 그 이튿날 왕이 그의 상서上書를 보는데 '양궁일체兩宮一體'라는 말이 우연히 역적의 서중書中에서 말한 것과 같았다. 그러므로 왕이 크게 진노하여 괴천을 국문鞫問하고 그에게 엄한 형벌을 가하는데 괴천의 뼈와 살이 문드러지니 보는 사람은 모두 놀라서 실색失色을 했다. 그럼에도 괴천은 신기神氣가 태연자약하여 퇴계 선생의 무진년(1568) 상소문에서 "성효聖孝를 높이 하는 양궁兩宮을 화和하게 하라."라는 말을 인용했을 뿐 그 외에 별다른 뜻은 없다고 자백을 하였다. 그때에 조정의 신하 중에 괴천의 원통함을 아는 자들은 서로 보고 놀라면서도 감히 말을 하지 못하였는데, 괴천은 시종일관 상대하여 명백하게 변론하니, 곧 왕이 시신侍臣을 돌아보며 조금 후회하는 뜻을 보였다. 그때에 좌의정 진암晉菴 이천보李天輔(1698-1761)와 판의금判義禁 신만申晩(1703-1765)은 괴천이 진도군수珍島郡守로 보임하였을 때의 일을 인용하여 그의 충직忠直함을 아뢰고 여러 재상들도 또한 서로 이어서 소원訴冤하자, 왕이 크게 깨닫고는 도리어 사형死刑은 감면하였다. 그러나 괴천은 6월 7일에 여관旅館에서 서거逝去하였다.

그 후 3년 만에 상소上疏로 인해서 사면을 받았다. 무인년(1758)에는 경연經筵이나 서연書筵 등에서 경전經傳 등을 강론하는 신하인 연신筵臣들의 말에 의해서 그의 관작官爵도 회복되었다. 천도天道가 그리하여 정해짐에 식자들은 서로 경하慶賀하였던 것이다.

괴천의 평소 모습을 보면 천성이 효성에 독실하여 5·6세 때부터 부친 상사공上舍公을 모시고 취침할 때 그의 훈계만을 따르고 감히 어기지 않았다. 하루는 괴천이 일과日課한 것을 외우는데 어떤 부분에서 막히자 상사공이 노하여서 그를 꾸짖었다. 이에 괴천이 밤에 잠도 안 자고 울기에 상사공이 그 까닭을 물으니 대답하기를 "재질이 총명하지 못하여 아버님께 걱정을 끼쳐드려 울었습니다."라고 하였다. 10세에는 목에 핵核이 생겨서 침을 맞고 쑥으로 뜸질을 했다. 괴천은 그 아픔을 견디기 힘들었을 것이나, 의연毅然하게 앉아서 얼굴빛에 변함이 없으니 의원이 말하되 "이 아이는 반드시 장래에 입절立節할 것이다."라고 하였다. 약관弱冠에 부석사에 놀러 갔는데, 조사당祖師堂 앞에 선비화仙飛花란 것이 나 있었다. 전설로는 '의상대사義湘大師가 지팡이를 꽂은 것이 화생化生하였다.'라고 해서 승려들은 이 선비화를 조사祖師처럼 존경했는데, 괴천이 그 가지를 꺾으려 하자 승도僧徒가 겁을 내어 말하되 "이것을 상하게 하면 죽는다."라고 했다. 그러자 괴천이 웃으면서 말하되 "나는 또한 시험하리라."라고 하면서 찼던 칼을 빼 가지고 가지 절반을 끊으니, 절의 모든 중이 야단을 치면서 장차 괴천을 고소하려고 작정했다. 그리고 괴천이 이리했었다는 사실을 부인否認하지 못하도록, 괴천에게 신표信票를 써 달라고 요구하였다. 이에 괴천은 태연히 붓을 들어서 쓰되 "너희들 말이 옳으면 나는 천금의 몸을 상해傷害해야 할 것이고 너희들 말이 그르면 가히 만세萬世의 의혹을 깨트릴 것이리라."라고 하였으니, 그가 정도正道를 잡아서 흔들리지 않았음이 대개 이러했던 것이다.

괴천이 상사공上舍公의 병을 구호救護하는데 밤에는 옷도 벗지 아니하고 몸소 약물藥物을 만들어 드렸으며 의복이 더러워지면 반드시 스스로 세탁하고 남에게 시키지 않았으며, 종기를 빨고 똥을 맛보는 등 구호를 극진히 했다. 그러다 끝내 상사공의 초상을 당하고 나서는 애통하여 몸을 거의 지탱하지 못하게 되어도 괴천은 또한 능히 자력自力으로 예를 다하여 유감遺憾이 없게 하니 보는 사람들이 탄복을 하였다.

괴천은 널리 경사經史에 통달하고 제자서諸子書를 읽어서 거침없이 문장을 써 나갔고, 또한 성리性理의 책에도 주야로 부지런히 마음을 써서 손에는 책을 놓지 아니하였다. 일찍이 『소학小學』으로서 자신을 바로잡아 말과 행동은 옛 가르침을 따랐다. 기상氣像은 조용하고 행동은 단정端正하여 비록 창졸간倉卒間이라 하더라도 놀라는 말이나 당황한 빛을 드러내지 않았다. 남의 방에 들어갈 때 문밖에 여러 개의 신발이 놓여 있으면 반드시 가지런히 해서 착오가 없도록 하였다.

20년 동안이나 벼슬살이를 하면서도 관위官位는 양사兩司의 차장次長에 불과하였는데, 어떤 사람이 괴천을 위하여 애석하다고 하면 괴천은 웃으면서 말하기를 "내가 벼슬한 것도 이미 많지 않은가?"라고 하였다. 관직으로 서울에 오면 동교東郊의 벽지僻地에서 기식寄食을 하고 공무公務 이외에는 문밖을 나오지 않았다.

대개 괴천은 평소에 자기 절제를 함에는 용감하나 진취進取함에는 겁을 내었으며, 충효忠孝에는 돈후敦厚해도 명리名利에는 담박淡泊하였고 관위官位에서는 일전一錢도 취한 일이 없었다. 빈궁貧窮한 족친族親에게는 의식衣食을 주고 교제를 하는 데는 권귀權貴를 섬기지 아니했다. 시속時俗에 대해서는 서로 멀리 떨어져 아무 관계도 없는 것처럼 냉담하게 대하며, 진秦나라와 월越나라처럼 멀리하였으니 이것은 그의 미덕인 동시에 또한 화근도 되었던 것이다.

다음으로 성암惺庵 박종후朴宗垕(1792-1864)의 생애를 살펴보자. 성암의 자는 중후仲厚이다. 증조부는 정구鼎九이다. 조부는 사표師豹로, 아들인 사간공司諫公이 시종侍從한 추은推恩으로 첨추僉樞가 되었다. 부친은 시원時源으로, 사간司諫인데 호는 일포逸圃이며 문학과 행의行義로서 세상 사람들의 추중推重을 받았다. 모친은 숙인淑人 안동권씨安東權氏로 처사 상처相處의 딸이다. 계비繼妣는 숙인淑人 여흥민씨驪興閔氏로 처사 봉도鳳道의 딸이다. 성암은 권씨의 소생이다.

성암은 1792년(정조 16) 4월 24일 반곡리蟠谷里에서 태어났다. 겨우 말을 배울 때에 벌써 자의字義를 통하여 백체百體와 의복과 음식에서부터 조수鳥獸와 초목草木에 이르기까지 손으로 가리키는 것은 반드시 그 글자를 말하였다. 백씨伯氏인 가암可庵 박종교朴宗喬는 아우인 성암보다 몇 해 맏이로 먼저 입학을 했는데,

성암은 같이 가서 형이 배우는 것을 곁에서 듣고 알았던 것이다. 『사략史略』을 배우는데 일일이 다 가르치지 않아도 알아차리므로 조부께서 크게 기이하게 여겼다. 그리고 점점 커서는 문리文理가 통달하고 글을 지으면 사람들을 놀라게 하였다. 경사經史와 제자백가諸子百家의 책을 모르는 것이 없어서 나아가 글을 짓는데 이미 예림藝林에서 명성이 높았다. 1807년 겨울에는 모친상을 당했는데 혹한酷寒임에도 상복을 벗지 아니하고 무시無時로 소리쳐 곡을 하였다.

1814년 봄에는 백씨와 함께 향시鄕試에 나갔는데, 학서鶴棲 류이좌柳台佐(1763–1837)가 그때 참고관參考官으로서 답안지答案紙를 보고는 감탄하며 "그 할아버지 아래 이 두 아들이 있구나."라고 하였다. 그리고 다음 시험에는 성암이 백씨보다 앞서 답안을 모두 썼으나 백씨가 답안을 낸 뒤에야 제출했다. 백씨가 말하기를 "과시장科試場에서는 일찍이 내야만 하는데 너는 어찌 득실得失을 모르느냐? 각기 인사人事를 다해야만 되는 것이다."라고 하니, 성암은 "이것이 내가 인사人事를 다한 것입니다."라고 하였다. 그리하여 백씨가 합격했고 성암은 기쁜 빛이 얼굴에 넘쳐서 조금도 자기가 실패한 것에 개의介意하지 않았다. 그때부터 성암이 대소의 시험에 모두 실패했는데, 이에 대해 남들은 다 애석하게 여겨도 성암만은 예사로 생각했던 것이다.

부친이 만년에 시력視力의 병환으로 병석에 계시니 성암의 형제는 잠시도 부친의 곁을 떠나지 아니하고 10년을 하루같이 좌우에서 부축했다. 1842년에 부친상을 당하여 모친상처럼 예를 받들었다. 성암은 나이가 이미 쇠년에 든 백씨가 지나친 슬픔으로 병들까 걱정하여 자신을 억제하고 슬픔을 마음껏 나타내지 않았다. 묘지는 집에서 수십 리나 되었는데 매월 반드시 세 번은 성묘했으며, 탈상脫喪한 뒤에도 또한 그렇게 하였다. 또한 어느 날 백씨와 같이 강론을 하다가 책 상자에 들어 있는 선고先稿를 수습해서 마침내 편차編次하여 간행하였다.

1855년 봄에는 백씨의 권유로 마지못해 과시科試에 나아가니 시험관이 그의 명성을 듣고 감탄하며 "뜻밖에 이 노인이 왔다."라고 하는바, 그때에 생원시에 입격하니 성암은 울면서 "노경老境에 이 조그만 성공이 영광스러울 것도 없지만 선인先人의 소망에 부응했음이 다행이다."라고 하였다. 이보다 앞서 가암可庵이 정재定齋 류치명柳致明(1777–1861)의 문하에 나아갔었다. 성암은 그 인연으로 정재를 뵈러 갔고 또 백씨와 중씨도 정재를 뵈러 가니 '노우老友'라고 호칭하였다.

일찍이 명도明道 정이程頤(1032–1085)와 화정和靖 윤돈尹焞(1071–1142)과 상채上蔡 사량좌謝良佐(1050–1103)가 경敬을 말한 그 학설이 각기 다른데, 주자朱子는 "삼방팔처三方八處로 들어와도 그 중中은 다 같다."라고 말하고, 또한 "삼자三者는 다만 일반으로서 내외를 서로 기르는 뜻으로 어렴풋이 얻을 수 있을 것"이라고 했다. 성암은 이에 근거하여 '삼일도三一圖'를 짓고 당堂 이름을 '삼일三一'로 했으며 '무불경毋不敬'이란 세 글자를 벽에 써 붙였다. 그리고 매일 그 속에서 고요히 거처하여 체험하는 공부를 하면서, 주자와 퇴계 두 선생의 경敬에 대한 여러 서적을 모아서 책 하나를 만들어 정재에게 교정을 부탁하였던바, 정재는 손수 책 제목을 『경휘위발어敬彙爲發語』라고 지어서 써 주었다.

가암可庵이 별세한 뒤에 성암은 매일 일찍 일어나서 세수하고 새벽에 묘문廟門의 서쪽에서 참배하고는, 아들과 조카들에게 갔다. 이어서 문정공文正公 범중엄范仲淹(989-1052)의 "좋은 가문에서는 좋은 일을 한다."라는 등의 말을 하면서 아들과 조카들을 간절하게 타일렀다. 계씨季氏인 종서宗舒에게 준 시에도 "아우는 날마다 형을 찾아뵈어야 하고 형도 또한 아우에게 들러야 한다. 선대의 그 법도를 생각하여서 후손은 효와 제에 힘쓸지어다."라고 하였다. 온 가정 내에서는 비록 부녀자라도 다 조심하고 힘써 해야 할 줄 알아서 조금도 해이解弛하지 아니하였다. 1864년(고종 원년) 7월에 성암은 병이 깊이 들었다. 그는 자신을 붙들어 일으키라고 하더니, 손수 자명自銘을 쓰되 "느지막이 깊은 지결旨決을 듣고 뜻은 있으나 성취하지 못했음이 한탄이다."라고 한 글을 다 쓰고는 운명하니 그때가 8일 진시辰時였다. 향년이 73세로 그해 9월에 군의 서쪽 녹동鹿洞 후에 장사지냈다가 군의 남쪽의 신방리新坊里 미향未向의 언덕으로 이장하였다.

그는 일찍이 말하되 "마음은 형체가 없으니 먼저 의거처依據處에서 손을 써야 하는데 다만 외면이 정제整齊하고 엄숙嚴肅하면 이면裏面은 자연히 허정虛靜해서 마음이 수양되는 것이다."라고 하였다. '임리臨履'와 '신독愼獨'의 두 잠명箴銘을 지어서 설명하여 그 뜻을 보이고 지은 바 시문詩文의 약간 편은 모두 온자溫藉하고 평담平淡하며 인의仁義의 설說이 들어 있으니 그것은 소라껍질에 해성海聲이 치는 것과 같았다. 그런데 『광감록曠感錄』 등의 여러 저작은 더욱 일시에 회자膾炙되었다. 대개 일포공逸圃公은 후덕厚德과 심학深學으로서 후생에게 가르침을 전했는데, 성암의 형제도 능히 일포의 유서遺緖를 받들어서 더욱 그 근원에 들어갔으니 또한 좋은 가문을 잘 계술繼述하였다고 할 수가 있겠다.

마지막으로 오헌吾軒 박제연朴齊淵(1807-1890)의 생애를 살펴보자. 오헌의 자는 성원聖源이다. 부친은 증호조참판贈戶曹參判 재순在純(1789-1849)이고 모친은 권사선權師善의 딸인 증정부인贈貞夫人 안동권씨安東權氏이다. 할아버지는 증좌승지贈左承旨 성간成幹이고 증조할아버지는 증사복시정贈司僕寺正 시진時晉이다. 부인은 김한수金漢壽의 딸인 정부인貞夫人 의성김씨義城金氏이다. 박제연은 1807년(순조 7) 경상도 영천군榮川郡 수도리水島里(지금의 영주시 문수면 수도리)에서 출생하였다. 그는 일포逸圃 박시원朴時源(1764-1842)의 문하에서 학문을 배웠다. 1840년(헌종 6)에는 문과에 급제하였으며 헌종憲宗 연간에 순강원수봉관順康園守奉官·명릉별검明陵別檢·성균관전적成均館典籍 등을 지냈다. 1853년(철종 4)에는 사헌부지평司憲府持平에 제수되었고 이후 사헌부장령司憲府掌令·장악원정掌樂院正·사간원정언司諫院正言·군자감정軍資監正 등을 역임하였다. 1867년(고종 4)에는 통례원좌통례通禮院左通禮에 올랐는데 1868년 신정왕

수도리의 오헌 전경

오헌 현판

후神貞王后(1808-1890)의 회갑을 축하할 때 공이 있어서 통정대부通政大夫의 품계를 받았다. 1869년에는 병조참지兵曹叅知·돈녕부도정敦寧府都正에 제수되었으나 얼마 후 사직소辭職疏를 올렸다. 1886년(고종 23)에는 80세의 나이로 가선대부嘉善大夫의 품계에 올랐고 병조참판兵曹叅判에 제수되었다.

박제연의 유고로 『오헌유고吾軒遺稿』가 전해지며, 일기로 『경신서행일기보총庚申西行日記補聰』이 전해진다. 특히 『경신서행일기보총』은 1860년 3월 30일부터 1860년 12월 30일까지 한양에서의 생활상을 기록한 일기로 19세기 지방 출신 양반의 관직 생활을 잘 보여 주는 자료이다. 박제연의 묘소는 영주시 문수면 수도리 송평松坪에 있다.

제2장

소고의 생애와 학문 저서 및 시 세계

1 소고 박승임의 생애

소고의 성은 박씨朴氏, 본관本貫은 반남潘南이고 휘諱는 승임承任이며 자字는 중보重甫이고 호는 철진鐵津(젊을 때 사용한 호), 소고嘯皐, 수서옹水西翁, 반계병통蟠溪病侗 등을 사용하였다. 소고는 고려 우문관직제학右文館直提學이었던 상충尙衷(1332–1375)의 후손이자 조선조의 좌명공신佐命功臣으로 좌의정左議政을 지낸 평도공平度公 조은釣隱 은訔(1370–1422)의 6세손이다. 고조는 휘가 규葵로 경상관찰사慶尙觀察使였고 호조참판戶曹參判을 거쳐 동지중추원사同知中樞院事를 역임하였다. 증조는 휘가 병균秉鈞이며 홍주판관洪州判官으로 좌통례左通禮에 추증追贈되었다. 조부는 휘가 숙碦(1444–1526)이며 충의위부사직忠義衛副司直으로 통정대부승정원좌부승지通政大夫承政院左副承旨에 추증되었다. 부친은 휘가 형珩(1479–1549)이며 성균진사成均進士로 가선대부이조참판겸동지의금부지사嘉善大夫吏曹叅判兼同知義禁府知事의 벼슬에 추증되었다.

모친 예안김씨禮安金氏는 가선대부호조참판嘉善大夫户曹叅判 김로金輅(1355–1416)의 후손이자, 벼슬하지 않고 마을에 살면서 사람들에게 순후한 장자長者로 일컬어졌던 김만일金萬鎰의 따님이며, 이조판서吏曹判書 무송헌撫松軒 김담金淡(1416–1464)의 아우인 통찬通贊 홍洪의 손녀이다. 예안김씨는 정부인貞夫人으로 추증되었는데, 3대의 추증과 정부인貞夫人의 추증이 모두 소고의 존귀함으로 인해 이루어진 것이다.

소고는 1517년 11월 19일 인시에 영천군榮川郡 두서리杜西里 본가에서 출생했다. 그는 태어나면서부터 자질이 준수하고 총명함이 남달랐다. 6세 때인 1522년에는 모부인 김씨로부터 『효경孝經』을 배웠다. 이때 소고는 효에 대해 질문하고 요순堯舜의 아들인 단주丹朱와 상균商均의 불효에 대해서도 질문하였다. 7세 때인 1523년에는 『사략史略』을 배우다가 묻기를 "무왕武王이 이미 천하를 위해 폭군暴君을 정벌해 놓고 왜 은殷나라 종실 중에 미자微子처럼 어진 사람을 택하여 임금으로 세우지 않은 채 스스로 천하를 취하였습니까?"라고 하니 참판공이 매우 기특하게 여겼다.

12세 때인 1528년에는 '천인일리天人一理'라는 제목으로 칠언절구 1수를 지었고, 13세 때인 1529년에는 『대학大學』과 『논어論語』를 읽었다. 14세 때인 1530년에는 문장을 짓는 재능이 아주 뛰어나 향시鄕試를 보려고 하였으나, 참판공이 너무 조숙早熟한 것을 염려하여 허락하지 않았다. 이에 소고가 변려문駢儷文 50여 구절을 지어 자신의 회포를 서술하였는데, 그 글을 보는 사람마다 모두 경탄驚歎하였으므로 이때부터 소고의 명성이 크게 났다. 16세가 되던 1532년에는 민락제현閩洛諸賢의 성리서性理書를 분류, 편집하였다. 18세 때인 1534년에는 한성시漢城試에서 장원을 하였다.

20세가 되던 1536년에는 예천권씨醴泉權氏와 혼인하였다. 권씨부인은 통훈대부通訓大夫 사헌부집의司憲府執義 졸헌拙軒 오기五紀(1463-?)의 따님이다. 이해에 소고는 대나무로 기형璣衡의 제도를 본떠서 선기옥형璇璣玉衡을 만들었는데, 주수籌數의 묘리도 모두 함께 연구하였다. 그리고 횡거橫渠 장재張載(1020-1077)의 「동명東銘」과 「서명西銘」을 써서 양쪽 벽에 게시하였다. 21세 때인 1537년에는 퇴계 선생의 문하로 들어가 제자가 되었다. 이듬해 22세 때인 1538년에는 퇴계 문하에서 『예경禮經』과 『주역周易』을 읽었으며, 23세 때인 1539년 2월에는 『근사록近思錄』을 읽었고, 8월에는 서울 진사시進士試에 1등, 생원시生員試에 2등으로 입격하였다.

1540년 24세 때인 4월에는 문과에 급제를 하여, 5월에 승문원권지정자承文院權知正字에 선임되고 계공랑啓功郎에 제수되어 관직 생활을 시작하였다. 이때 '권지權知'는 정식 임명이 아니라 임시로 업무를 익히기 위한 벼슬로, 요즘 말로 하자면 '인턴'이란 의미이다. 9월에는 예문관검열겸춘추관기사관藝文館檢閱兼春秋館記事官에 추천되어 제수된다. 12월에 「무극부無極賦」를 지었다.

이어서 25세 때인 1541년 정월에는 무공랑승정원주서겸춘추관기사관務功郞承政院注書兼春秋館記事官에 제수되고, 6월에 예문관대교藝文館待敎로 승진하였다. 26세 때인 1542년 3월에는 예문관봉교藝文館奉敎에 제수되었다가 검열檢閱이 되고 6월에 다시 대교待敎로 승진한다. 27세 때인 1543년 여름에는 다시 검열檢閱이 되고 대교待敎로 승진했다가 10월에는 승정원주서겸춘추承政院注書兼春秋에 제수되었다. 9월에는 셋째 형 인암忍菴 박승간朴承侃과 함께 청량산淸凉山에서 수개월 동안 독서를 하고 돌아왔다.

28세 때인 1544년 1월에는 무공랑홍문관정자겸경연전경務功郞弘文館正字兼經筵典經에 제수되고, 잠시 뒤에 승의랑홍문저작겸경연설경承議郞弘文著作兼經筵說經이 되었다. 7월에 호당湖堂에서 사가독서賜暇讀書를 하였고 12월에 봉훈랑奉訓郞으로 승진하였다.

29세 때인 1545년 2월에는 관상감觀象監에서 만든 역법曆法에 오류가 많았으므로, 평소 천문天文에 밝았다고 하는 소고는 역법을 교정하라는 특명을 받았다. 그리고 인종仁宗이 왕위에 오르자 홍문관弘文館에서 만여 글자가 넘는 「청두십점소請杜十漸疏」라는 상소를 올렸다. 열 가지 항목은 "호오好惡를 살피고, 인재를 등용하고, 궁금宮禁을 엄히 하고, 기강紀綱을 바로 세우고, 절의節義를 숭상하고, 염치廉恥를 권면勸勉하고, 언로言路를 넓히고, 상벌賞罰을 신중히 하고, 사치奢侈를 억제하고, 군비軍備를 닦아야 하는데 여기에는 사람의 마음을 바르게 가지고 도학을 밝히는 것으로 근본을 삼아야 한다."라는 것으로 모두 소고가 초안草案한 것이었다.

4월 7일에는 경연經筵의 석강夕講에서 검토관檢討官으로 정암靜菴 조광조趙光祖(1482–1519)의 신원伸寃을 아뢰는 글을 올린다. 이 글에서 소고는 요堯임금 때의 사흉四凶의 일을 들어서 조광조 개인을 위한 것이 아니라 국가를 위해 조광조의 일을 시정해 달라고 건의하고 있다. 5월에 승훈랑承訓郞에 제수되었고 6월에 권도權道 쓰기를 요청하는 내용을 담은 「청부종권제소請俯從權制疏」를 올린다. 그리고 정암 조광조를 신원伸冤하라는 「청신설조광조계請伸雪趙光祖啓」를 잇달아 십여 차례 아뢰었고, 마침내 윤허允許를 받는다. 이 계문啓文에서 소고는 정암이 소인들의 근거가 없는 모함으로 피화被禍된 사실을 논리적으로 설득하여 임금의 윤허를 받아 내는 주도면밀함을 보여 주고 있다.

8월에는 봉훈랑홍문관박사경연사경奉訓郞弘文館博士經筵司經에 제수되었다가, 얼마 후에 홍문관수찬지제교겸경연검토관弘文館修撰知製敎兼經筵檢討官으로 승진하였다. 지제교知製敎는 왕에게 교서敎書 등을 기초하여 바치는 일인 문한文翰을 담당하는 직책이다. 10월에 승의랑이조좌랑承議郞吏曹佐郞에 제수되고 12월에 수찬修撰에 제수되었다. 이보다 앞서 진복창陳復昌은 소고가 중대한 명망名望을 지니고 있다는 것을 알고는 소고를 자기편으로 끌어들이려고 아주 간절하게 요청하였다. 그러나 소고는 그를 끝내 만나 보지 않았다. 이때 진복창은 지평持平이 되어 기세가 대단하였다. 이 때문에 소고가 진복창을 탄핵하려고 하자 동료들이 놀라서 따르지 않았다. 그 후에 진복창은 이기李芑(1476–1552)를 사주하여 소고에게 중죄重罪를 뒤집어씌우려고 하다가, 이원록李元祿(1514–1574)이 극력 구원하자 소고의 예조정랑禮曹正郎 벼슬만 파직하였다.

30세가 되는 1546년 정월에 명나라에서 섭보聶寶와 곽란郭鑾이란 조사詔使를 보내 왔을 때에, 소고는 이조좌랑吏曹佐郞으로서 당시 원접사遠接使인 인재忍齋 홍섬洪暹(1504–1585)의 종사관從事官이 되었다. 종사관의 임무는 원접사를 도와서 사신 일행을 맞이하고 전송하는 모든 과정을 일기日記의 형식으로 상세하게 기록하는 것이다. 일기의 앞부분이 누락되어 시작된 날짜는 자세하게 알 수 없지만 1546년 1월 20일부터 3월 6일까지 2개월에 걸쳐 의주義州에서 이들을 맞이하여 서울까지 왔다가 그들이 임무를 마치고 다시 명나라로 돌아가기 위해 국경을 넘어갈 때까지 원접사를 수행하며 겪은 매일매일의 기록을 일기日氣의 상태와 함께 날짜별로 자세하게 기록하고 있다. 여기에는 연도沿道에서의 접대 상황과 사신과의 대화, 수행원들의 동정動靜까지 빠짐없이 수록하고 있어서 자료적 가치가 아주 높다고 하겠다. 더군다나 이 기록을 통해 소고의 문장력과 세밀한 관찰력, 성실한 임무수행을 아울러 엿볼 수가 있겠다.

그리고 종사관의 임무를 수행하는 동안 10개 고을의 수령들이 행자行資를 주었으나, 소고는 이를 다 물리쳤다. 오직 오랜 친구에게서 옷 한 벌을 받아 돌아와 태부인太夫人에게 드리며 말하기를 "동료들이 주고받을 즈음에 홀로 거절하기가 어려웠습니다.

어버이를 위하여 억지로 이 한 건을 받아 가지고 왔습니다. 그러나 내심 매우 부끄럽습니다."라고 하였다. 이런 조그마한 예화例話 하나를 보더라도 원칙과 경우가 아니면 수용하거나 상종하지 않는 소고의 성격을 볼 수가 있다. 다만 이 경우에는 마음이 내키지는 않지만, 타인과의 관계를 고려하여 자신을 굽혀서 수용했음을 소고가 스스로 밝히고 있다.

4월 예조禮曹에서 종묘宗廟를 더 늘리기를 요청하였다는 소식을 듣고 소고는 일록日錄에 자신의 생각을 기록하고 있다. 이 일록에서 소고는 동당이실同堂異室의 제도가 오래된 제도이기는 하지만 세대가 거듭할수록 장소의 문제가 생기기 때문에 이를 재고하여야 하고 지나친 제수의 장만과 제사의 번다繁多함으로 경비의 소모와 아울러 청결淸潔의 문제를 지적하고 있다. 이와 같은 문제 제기는 소고의 합리적인 현실인식의 한 단면을 보여 준다고 하겠다.

10월에는 홍문관교리겸세자시강원문학弘文館校理兼世子侍講院文學에 오른다. 이어서 31세 때인 1547년 1월에는 조봉대부朝奉大夫로 승진하여 이조좌랑吏曹佐郞에 제수되었고, 3월에 조산대부朝散大夫로 승진하여 성균관전적成均館典籍에 제수되었다가, 잠시 후에 사간원정언司諫院正言에 제수된다. 그리고 강원도어사江原道御史에 차임差任되어, 각 고을이 흉년 구제 사업을 잘하고 있는지를 살피고 4월에 복명하였다. 특히 사치를 억제하고 경비를 절약하며 물자를 비축하는 등 절용애민節用愛民해야 한다고 임금에게 권유하고 있다.

이어서 의정부검상議政府檢詳에 제수되고, 5월에 의정부사인議政府舍人으로 승진하여 승문원교감承文院校勘으로 세자시강원문학世子侍講院文學을 겸직하였다. 또 성균관전적成均館典籍으로 옮겼다가 다시 직강直講으로 옮기고 얼마 후에 예조정랑禮曹正郞으로 옮겼다. 8월에 사헌부지평司憲府持平에 제수된다. 성균관전적成均館典籍에 제수되었다가 11월에 종묘서령宗廟署令에 제수되고, 12월에 사헌부지평司憲府持平에 제수된다.

특히 이때에 사사로이 창녕 용흥사龍興寺에 원당願堂을 설치하고 한글로 편지를 만들어 내지內旨라 칭하는 등 종실과 결탁하여 갖은 부정과 비리를 저지른 성청性淸이란 승려의 죄를 다스리도록 요청하는 「청가죄신수경개정최연등훈적차請加罪申秀涇改正崔演等勳籍箚」란 차자箚子를 올려 신수경申秀涇을 먼 곳으로 유배를 보내고 기록할 만한 공이 없는 최연崔演 등의 훈적勳籍을 개정하기를 요청한다. 아울러 홍문관응교겸경연시강관춘추관편수관승문원교감弘文館應敎兼經筵侍講官春秋館編修官承文院校勘에 제수되어 치도治道를 논하는 상소를 올렸다. 이 상소문은 일실逸失되었으나 조목은 학문에 힘쓰고 간언諫言과 경계警戒를 받아들이며 인재를 등용하고 풍화風化를 돈독히 하라는 내용이라고 한다.

그리고 주자의 『자치통감강목資治通鑑綱目』을 분류하여 초록抄錄하였다. 32세이던 1548년 정월에는 단양丹陽으로 가서 퇴계 선생을 뵙고 2월에 주자서朱子書를 읽었으며 3월과 9월에 다시 퇴계 선생을 찾아뵈었다. 이때 『사례변해四禮辨解』와 『의례강록儀禮講錄』

을 지었다.

35세가 되는 해인 1551년 8월에는 모친의 삼년상을 마쳤다. 9월에는 조산대부현풍현감朝散大夫玄風縣監으로 제수되고 진휼도관賑恤都官이 되어 처음으로 지방 목민관牧民官을 맡았다. 이때 소고는 퇴계에게 올린 편지에서 "천성이 용렬하고 비루하니 어찌 목민관의 책임을 감당하겠습니까?"라고 하여, 처음으로 맡는 외직外職에서의 기대와 동시에 고민을 토로하고 있다. 그만큼 목민관으로서의 바람직한 자세에 대해 깊이 고민하고 있었음을 알 수 있다. 이 당시에 전임 현감이 자리를 비운 데다 고을의 창고마저 고갈되었지만, 소고는 담담하게 업무를 처리하면서 마땅한 조처를 하여 수년에 걸쳐 창고를 거의 다 채웠다.

그리고 당시 경상도 남부 지역에 전염병이 유행하자 경상도관찰사가 소고를 진휼도관賑恤都官으로 삼았다. 이에 소고는 몸소 관내管內를 돌아다니면서 힘껏 구제하여 살려 낸 사람이 많았다고 한다. 그리고 고을 유생들을 모아 손수 학규學規를 만들기도 하고 유생儒生의 핵심적 본무本務인 경서강독經書講讀을 실시하기도 하였다. 또 소고가 세금을 균등하게 부과하려고 하자, 부담을 싫어했던 현풍현의 토호土豪들이 황당무계한 말을 꾸몄다. 그리고 경상감사인 정언각鄭彦慤(1498~1556)과 결탁하여 소고를 얽어 넣으려고 하였으므로, 소고는 위험한 지경에 이르렀다. 그렇지만 공론公論에 저지되어 정언각도 어찌할 수가 없었고 토호들도 계책을 더 이상 행할 수가 없게 되었다.

이로써 보면 소고는 첫 외직인 현풍현감으로 재직하면서 애민 정신을 바탕으로 자신이 맡은 바 책임을 성실하게 완수하였다. 특히 공론을 활용하여 토호들의 발호와 상관인 경상감사의 부당한 처사를 슬기롭게 제어하고 저지시킴으로써 관료로서의 뛰어난 수완을 발휘하였다.

10월에는 일곱째 아우인 동원공桐原公 승륜承倫을 퇴계 선생 문하로 보내어 수학하게 했는데 퇴계 선생이 '청백전가淸白傳家'라는 네 글자를 써 주었다. 36세이던 1552년 10월에는 「성부誠賦」를 지었고, 37세이던 1553년 봄에는 『주자대전朱子大全』을 읽었는데 『차의箚義』가 있다.

40세가 되던 1556년 4월에는 「천문도天文圖」를 완성하였다. 41세가 되는 1557년 정월에 봉렬대부奉列大夫를 거쳐 봉정대부奉正大夫에 올라 형조정랑刑曹正郎에 제수되고 성균관직강成均館直講으로 옮겼다. 6월에는 중훈대부中訓大夫에 오르고 성균관사예成均館司藝가 되었다가, 7월에 중직대부中直大夫에 제수되었다. 8월에 성균관사예겸사헌부장령成均館司藝兼司憲府掌令에 제수되었으나 모두 부임하지 않았다. 이어서 재해를 입은 지역에 파견되어 실상을 파악하는 역할을 하는 경상도재상어사慶尙道災傷御史에 차임되어 경상도 백성들의 재난상황을 살폈다. 42세가 되던 1558년 2월에는 성균관사예成均館司藝에 제수되고, 6월에는 소고 자신의 고향과 이웃한 풍기 고을로 풍기군수겸춘추관편수관豊基郡守兼春秋館編修官에 제수되어 부임하게 된다.

당시 풍기는 누적된 관가官家의 물건을 빌려서 없는 것처럼 하거나 숨기고서 돌려주지 않는 것과, 혹은 국가의 조세租稅를 납부하지 않는 포흠逋欠으로 인해 군의 재정이 열악하고 군민들이 피폐해 있었다. 이 때문에 관료들 사이에서는 풍기군수로 지명받는 것을 암암리에 기피하는 분위기가 있었다. 그렇지만 소고는 흔쾌하게 풍기군수를 받아들여 부임하였다. 소고가 부임해서 보니 고을의 창고는 텅 비어 있었고 어떤 사람은 포흠한 세곡稅穀을 전임 군수에게 추징하여 상환하라고 종용하였지만, 소고는 군의 비용을 절약함으로써 이를 대납하고 체납 장부를 소각하였다.

소고는 공무가 끝나고 나면 경전 연구에 부지런히 매진하였다. 또한 관할 구역 안에 선현인 회헌晦軒 안향安珦(1243-1306)을 모시는 소수서원紹修書院이 있었는데, 소고는 공무를 보는 틈틈이 서원으로 말을 타고 가서 제생들과 학문을 강론하였다. 당시 오랜 세월의 경과로 소수서원에 봉안되어 있던 회헌 영정影幀의 명주실이 망가져, 안면 부위 아래로는 갈라져서 완전한 곳이 없었다. 그래서 전임 수령이 영정 보수를 도모하여 서울에서 화공畵工이 내려왔지만, 국사國事로 인해 마무리하지 못하고 가버렸다. 영정 보수의 일을 조금만 지체하다가는 영정 자체를 잃어버리게 될 것이기 때문에, 소고는 능력이 있는 화공을 보내어 영정 보수의 일을 마치게 해 달라고 당시 좌상左相으로 있던 설강雪江 안현安玹(1501-1560)에게 편지를 보내어 영정의 개묘보수改描補修를 요청하기도 하였다.

또한 서원의 운영에 필요한 물자를 맡은 어염관魚鹽官이 직무를 태만히 하고 규정대로 행하지 않았기 때문에 유생들이 쓰는 물자[儒供]가 고갈되자 소고는 호조戶曹에 글을 올렸다. "어염魚鹽은 조정이 선비를 기르는 공적인 물자인데 어염에 대한 검사와 감독권은 다만 감사監司에게만 소속되고 그 기록이 호조와는 관계가 없기 때문에 그 운송을 담당하는 관리가 아무런 거리낌이 없이 행동하게 됩니다. 제 생각엔 어기漁基와 소금가마[鹽盆]에 세금을 부과하고 세금 납부 성적을 고적안考績案에 기록하여 전최殿最에 반영하되, 그 기준은 일정하게 평상시 공급의 예[常供之例]를 따른다면 유생을 교육하는 아름다움[樂育之美]이 땅에 떨어지는 일이 거의 없을 것입니다. 이 일은 나라나 백성들에게는 아예 해가 되는 일은 없으며 몇몇 고을의 부패한 수령들의 사적인 이익이 줄어드는 것뿐입니다.[以謂魚鹽 乃朝廷養士之公用 而顧其檢督 只係於監司 籍記 不管於該曹故 當輸之官 無所畏憚 竊以魚基鹽盆 竝與其收稅之額錄 在考績之案 檢以殿最 一依常供之例 則樂育之美 庶其不墜此一事 於國於民 初無所害 而但其數邑之盜臣 失其私用之利耳云]"라고 하였다. 호조에 올리는 글을 통해서 볼 때 소고는 오로지 조정에서 인재를 장려하고 학교를 흥하게 하려는 뜻만을 믿고 업무에 전념했다는 사실을 알 수가 있다. 이는 지방관으로서 당연히 해야 할 수령칠사守令七事의 책무 가운데 하나인 '학교흥學校興'으로 소고는 이를 무엇보다 충실하게 실천에 옮김으로써 피폐해져 있던 당시의 풍기군을 다소간 부흥시킬 수 있었고 소수서원에 많은 생도들을 불러들여 학문에 전념하도록 하는 치적을 이룰 수가 있었다. 이러한 일은 소고가 선현에 대한 숭모심崇慕心이 깊으면서 평소 학문에 대한 깊은 관심을 가지고 부지런히 학문 연구에 매진한 점과 학문을 통한 인재 양성이 나라의 장래를 담보할 수 있다는 판단 때문에 가능했던 것으로 보인다.

43세이던 1559년 11월에는 「회헌선생화상개수지晦軒先生畵像改修識」를 지었고, 44세이던 1560년 10월에는 「왕세자길례하전王世子吉禮賀箋」을 지었다. 그리고 45세 때인 1561년 4월에는 소백산小白山을 유람하고 유산기遊山記를 지었으나 해당 유산기는 아쉽게도 유실되어 보존되지 못하였다. 47세이던 1563년에는 『성리대전性理大全』을 분류하였다. 그리고 48세가 되는 1564년 1월에는 통훈대부승문원교감通訓大夫承文院校勘이 되었으나 취임하지 않았고, 같은 해 7월에는 어모장군충무위사직禦侮將軍忠武衛司直에 제수되었고, 다시 성균관사성成均館司成으로 옮겼다. 8월에는 군자감정軍資監正으로 사은숙배謝恩肅拜하였고, 10월에는 승문원판교겸춘추관편수관承文院判校兼春秋館編修官에 제수되었다.

49세가 되는 1565년 4월에는 문정왕후文定王后가 승하함에 따라 8월에 소고는 국장도감도청國葬都監都廳이 되었고, 8월 25일에는 승문원판교承文院判校로서 동반同班을 대표하여 상소를 올려서 윤원형의 귀양을 요청하고 있다. 그런데 소고의 상소 때문만은 아니었겠지만, 어쨌든 윤원형은 같은 해에 명종에 의해 삭탈관직을 당하고 낙향되었다가 결국 의금부도사義禁府都事가 잡으러 온다는 소식을 듣고 음독자결하게 된다. 9월에는 절충장군호분위부호군折衝將軍虎賁衛副護軍이 되었으며, 10월에는 통정대부병조참지通政大夫兵曹叅知에 올랐다.

50세가 되는 1566년 정월에는 승정원동부승지겸경연참찬관춘추관편수관承政院同副承旨兼經筵叅贊官春秋館編修官에 제수되었고, 7월에는 체직遞職되어 절충장군충무위상호군겸오위장折衝將軍忠武衛上護軍兼五衛將이 되었으며, 10월에는 통정대부진주목사通政大夫晉州牧使에 제수되었다.

12월에는 진주 고을의 부로父老들을 모아 논의하여 향음주례鄕飮酒禮를 거행하고 이어 향약鄕約을 제정하는 등 유교의 교화에 정성을 쏟았다. 51세이던 1567년 6월에는 명나라 12대 황제 목종穆宗 융경제隆慶帝가 즉위하여 등극조사登極詔使가 조선에 오니, 당시 영의정으로 있던 동고東皐 이준경李浚慶(1499–1572)이 상소하여 문학에 출중한 선비를 불러 모으기를 요청하였는데 소고가 제술관製述官으로 부름을 받아 응대하였다. 그만큼 소고의 문장이 널리 알려져 신임이 두터웠음을 알 수 있는 경우라고 하겠다. 52세가 되는 1568년에는 벼슬을 버리고서 고향으로 돌아왔다. 5월에는 「지리산기우문智異山祈雨文」을 지었고 이어 「남해신기우문南海神祈雨文」과 「지방연기우문池方淵祈雨文」을 지었다.

이듬해 53세가 되는 1569년 8월에는 동지부사冬至副使로서 명나라 서울인 연경燕京으로 길을 떠났다. 이때 동지상사冬至上使는 겸재謙齋 류종선柳從善(1519–1578)이었고 서장관書狀官은 청강淸江 이

제신李濟臣(1536-1584)이 맡았다. 당시 명나라에서는 홍려경鴻臚卿을 음관蔭官으로 보임補任하였기 때문에 우리나라 사신들은 단지 명나라의 예부禮部에서만 상견례相見禮를 가졌고 홍려시鴻臚寺에서는 이런 의식을 가지지 않았다. 문제는 홍려시가 사신을 접대하는 예모禮貌를 관장하는 곳이기 때문에, 새로 등극한 13대 황제 목종穆宗 융경제隆慶帝가 지금까지의 관행慣行을 고쳐서 곧바로 문관文官을 그 책임자인 홍려경으로 임명하는 일이 벌어졌다는 것이다.

하지만 우리나라 사신들은 이와 같은 변동 사항을 제대로 인지하지 못하고 이전처럼 홍려시에서의 상견례를 생략한 채 예부에서의 상견례만 거행하게 되었다. 이에 화가 난 홍려경이 우리나라 사신들의 반차班次를 강등시켜 무직생원無職生員, 설의인褻衣人 등 여러 잡류雜類들의 아랫자리로 배치시켰다. 또한 삭망朔望으로 조현朝見을 할 때에 황극문皇極門 안으로 들어가는 것을 허락하지 않고 다만 문밖에서 행례行禮를 하도록 하였는데 이에 대해서는 약간의 시정이 있었다. 그렇지만 망일望日에 조현을 할 때 홍려시에서는 여전히 변례變禮를 고집하여 극문戟門 밖에서 저지하고는 야만스런 오랑캐들과 등급을 같게 하여 뜰에 함께 나누어 서게 하였다.

명나라가 이런 조치를 취하였지만, 우리나라 사신 일행들은 이런 명나라의 의도적인 홀대忽待에 적절히 대응하지 못하였다. 이 소식을 들은 소고는 역관譯官을 시켜서 예부에다가 정문呈文을 올려서 잘못된 것을 원상회복해 주도록 강력하게 요구하였다. 항의를 받은 명나라 예부에서는 마침내 우리나라 사신들의 반차를 원래대로 회복시켜 잡류들의 윗자리에 서도록 위차位次를 변경해 주었다. 그리고 예부는 그 반차를 바로잡아서 항식恒式이 되도록 하였다. 소고는 소임을 마치고 이듬해 조정으로 돌아왔다. 서장관이 저간의 사정을 제대로 보고하지 않아서 약간의 사단이 벌어졌지만, 끝내 소고는 자신을 변명하지 않는 아량을 보였다.

이와 같은 사실을 통해서 볼 때 소고가 명나라 조정의 잘못된 처사에 대해 간곡하면서도 단호한 어조로 조목조목 논리적인 지적을 하여 바로잡았다는 사실을 알 수가 있다. 대국이나 상국이라는 명나라의 위세에 기가 죽지 않고 잘못된 것은 잘못되었다고 차분하게 논리적으로 항의하여 결국 잘못된 것을 바로잡는 그의 태도와 자세에서 참된 선비로서의 모습을 엿볼 수가 있다.

54세가 되는 1570년 정월 24일에 조정으로 돌아와 복명復命을 하였고, 5월에는 승정원우승지겸경연참찬관춘추관수찬관承政院右承旨兼經筵參贊官春秋館修撰官에 배명拜命되었으며, 9월에는 좌승지左承旨에 올라 을사훈적乙巳勳籍의 삭제를 요청하는 장계狀啓를 올려 보고하였다. 소고는 이 글에서 잘못된 것을 알게 되면 여러 가지 조건을 고려하며 주저하지 말고 바로 고쳐야 한다고 강한 어조로 논지를 전개하고 있다. 10월에는 병조참의兵曹參議가 되었고 12월에 장예원판결사掌隸院判決事가 되었다.

55세가 되는 1571년 7월에는 황해도관찰사黃海道觀察使가 되어 처음으로 지방장관이 되었다. 출발에 앞서 임금이 하교下敎하기를 “배우고 가르침은 풍화風化의 근본이다. 지금 서울의 학교가 오히려 해이해진 상태이니 지방이야 더 말할 것이 있겠는가? 경卿은 부지런히 권장하라. 또 수령들을 출척黜陟함에 있어서 세밀하고 엄정하게 하면 한 도의 백성들이 삶을 영위할 수 있게 될 것이다.”라고 하자, 소고가 “전하의 분부가 실로 옳습니다. 그러나 서울은 사방의 근본입니다. 전하께서 정사를 내시는 근원에 대하여 더욱 유념하소서.”라고 하니, 상이 말하기를 “경의 말이 지극히 마땅하다.”라고 하였다.

소고는 임금을 하직하면서도 정치에 대한 자신의 소신을 조금의 거리낌도 없이 진언進言하고 있기 때문에 임지任地에 내려가서 선정을 베풀지 않을 수 없었을 것이다. 또한 소고는 가혹하고 각박한 이전의 규제들을 철폐하였고 백성들의 억울함을 씻어 주어 그들에게 혜택을 주었으며, 백성들을 교화하여 풍속을 바꾸는 일로써 자기의 임무로 삼고 정성껏 도민을 다스렸다. 역시 소고의 애민정신을 바탕으로 한 선정善政의 일단을 엿볼 수 있겠다. 그리고 소고는 『가례요략家禮要略』을 간행하였다. 56세가 되는 1572년에는 퇴계 선생의 『성학십도聖學十圖』와 「무진봉사戊辰封事」를 합하여 한 권의 책으로 만들고 간행 경비를 계산해 보내어 영천榮川에서 발간하였다. 9월에는 조정에 들어가 우승지右承旨가 되고 이어 좌승지左承旨에 올랐으며 12월에는 홍문관부제학弘文館副提學에 제수되었다.

57세가 되는 1573년 1월에는 승정원도승지겸경연참찬관춘추관수찬관예문관직제학상서원정承政院都承旨兼經筵參贊官春秋館修撰官藝文館直提學尙瑞院正에 제수되고 4월에 장예원판결사掌隸院判決事에 제수되었으며 6월에 병조참의兵曹參議로 옮기고 9월에 병조참지兵曹參知로 제수되었으나 사직하고 귀향하였다. 11월에 사림들과 퇴계 선생의 위판位版을 이산서원伊山書院에 봉안하였는데 그 때 지은 봉안문奉安文은 『퇴계연보退溪年譜』에 실려 있다.

이듬해 58세가 되는 1574년 2월에 경주부윤慶州府尹에 제수되었다. 당시 경주부慶州府 안에 있던 집경전集慶殿에는 조선 태조의 영정影幀을 봉안해 두고 있었다. 그런데 소고가 부임해 갔을 때 경주에서는 풍속이 장유長幼와 노소老少를 막론하고 집경전 안의 태조 영정을 보고 싶으면 언제든지 함부로 집경전의 문을 열고 보는 만행을 자행하고 있었다. 조선의 개국태조開國太祖에 대한 공경심恭敬心은 조금도 찾아볼 수 없을 정도로 그 풍속이 야만적이었다. 이에 소고는 즉시 명령을 내려서 집경전을 수리하여 특별히 빗장을 잠그고 엄격한 규제를 실시하여, 공식적인 봉심奉審 이외에는 사사롭게 문을 열 수 없도록 법식法式으로 정하여 풍속의 교정에 힘을 기울였다. 또한 경주에는 신라 시대부터 전해져 내려오는 수박밭이 있었는데 처음에는 옥토였으나 황무지로 버려진 것이 절반이 넘었고 유폐流弊도 아주 심하였다. 이에 다만 밭의 4분의 1만 남긴다는 항구적인 규정을 만들고, 그 나머지 수박밭에 대해서는 곡식을 심어서 먹겠다는 백성들의 요청을 그대로 들어주었다.

그리고 이듬해 59세가 되는 1575년에는 사직을 하고 돌아오려고 했으나 방백方伯인 월정月汀 윤근수尹根壽(1537-1616)와 송강松岡 조사수趙士秀(1502-1558) 등이 다시 돌아와서 다스려 주기를 건의하는 장계狀啓를 올림에 따라 소고는 어쩔 수 없이 다시 부임하여 힘껏 다스렸다. 그렇지만 7월에 권씨부인의 초상으로 사직을 하고 고향으로 돌아왔다. 이상에서 소고는 경주부윤으로 부임하여 야만적인 풍속을 바로잡고, 옥토에서 황무지로 변한 신라 시대의 수박밭의 면적을 조정하여 백성들이 마음껏 경작할 수 있도록 허용하는 등 애민정신에 입각한 선정을 펼쳤다.

60세가 되는 1576년 1월에는 절충장군용양위부호군折衝將軍龍驤衛副護軍에 제수되고 8월에 전라도관찰사全羅道觀察使에 제수되었으나 부임하지 않아 체직遞職되었다. 11월에는 병조참지兵曹參知로 제수되어 조정에 나아갔는데 도중에 부르는 교지敎旨를 받들어 곧 승정원도승지承政院都承旨에 배명拜命되었다. 이때 서북지방의 유민들을 쇄환刷還할 것에 대하여 계청啓請하고, 진상進上하는 종이를 경감하는 것에 대해 건의하였으며, 경연經筵에 입시하여 차자箚子를 올렸다. 지금은 차자를 잃어버려 보존하지 못하고 있으나 그 항목은 모두 12개로, 성학聖學을 높이고, 세자世子를 교육하고, 재상宰相을 살펴 등용하고, 수령守令을 잘 선발하고, 학교를 진흥하고, 군정軍政을 정비하고, 인재를 육성하고, 언로言路를 열고, 백성의 생산을 다스리고, 상벌賞罰을 신중히 하고, 부역賦役을 덜고, 하늘의 재앙을 두려워하라는 것 등이다.

61세가 되는 1577년 7월에는 장단부사長湍府使에 제수되었으나 부임하지 않자 곧이어 강화부사江華府使에 제수되었다. 이때 "왕이 편전便殿으로 불러 '그대가 경주에 있으면서 치적이 매우 뛰어났다. 강화는 폐단이 쌓여 있으니 그대가 경주를 다스린 것처럼 다스리라.'라고 하였다."라는 인용문을 통해, 왕의 각별한 신임 아래 소고가 강화부사로 제수된 사실을 알 수 있다. 이듬해 62세가 되는 1578년 5월에는 강화에서 「마니산기우사摩尼山祈雨詞」를 짓고 사직단社稷壇을 수축하며 축문도 지었으나, 자료가 소략하여 더 이상의 자세한 사항은 알 수가 없다. 자급資級이 강등되어 통훈대부通訓大夫가 되었으니 곧 을사원종공신乙巳原從功臣에서 삭제된 까닭이었다.

9월에 다시 통정대부通政大夫를 회복하고 여주목사驪州牧使에 제수되었다. 여주목사로 재임하면서 소고는 몇 가지 업적을 남겼다. 자신의 임지인 여주의 강가 언덕에 여덟 군데의 커다란 하천 초지草地가 있는데, 이 초지에서 나라에 진공進貢할 참마[薯蕷]를 생산하고 있었다. 전임 목사가 그 초지 안에다 밭을 개간하여 곡식 수백 섬[斛]을 수확하였다. 목사가 부임할 당초에는 그곳이 황폐해져 있었다. 고을의 선비들이 찾아와서 이곳을 활용하여 공적인 비용에 보태자고 요청하였지만, 소고는 사사로운 용도를 위하여 진상進上하는 물품에 해를 끼치는 것은 의리상 불가하다고 여겨 그 밭을 폐하여 버렸다. 또 고을에 사는 백성 한 사람이 많은 곡식을 쌓아 놓고도 어머니를 배고프게 했다는 소문을 들었다. 소고가 직접 그 집을 찾아가서 백성을 결박하여 앉히고, 불효

죄不孝罪를 들어서 준엄하게 꾸짖으며 인간이 본래 타고난 착한 성품으로 알아듣게 설명하여 감동시키자, 그 백성은 머리를 땅에 찧으며 죄를 청하고 지난날의 잘못을 뼈아프게 뉘우쳤다. 그러자 소고는 그와 함께 술잔을 나누면서 그를 깨우치고 격려하였는데 그 백성은 마침내 효자가 되었다.

12월에는 "어사御使인 성재惺齋 정이주鄭以周가 선생의 치적이 제일이라는 장계狀啓를 올리자 포상하라고 교지를 내리고 말하기를 '내가 들으니 그대는 정사를 간략히 하고 세금을 적게 하여 마음을 다하여 진휼하여 온 고을이 기뻐한다고 하였다. 내가 가상히 여겨 특별히 중국 표리表裏 한 벌을 하사하노라.'라고 하였다."라는 인용문을 통해, 소고의 치적에 대해 왕이 인식하고 표리表裏를 하사하는 특전을 베풀어 준 사실을 알 수 있다. 소고는 여주목사로 재직할 때에도 공적인 것을 해치는 사사로운 시도를 엄금嚴禁하고, 불효자에게는 인간의 착한 본성으로 효유曉諭하여 깨우쳐 주었으며, 지방 선현의 존숭을 위한 서원의 건립에 나서기도 하였다. 이로써 소고는 목민관의 자세를 한순간도 잃지 않고 본연의 임무에 충실했던 사실을 알 수가 있었다.

63세가 되는 1579년 4월에는 휴가를 얻어 관동을 유람하였고 11월에 아들 녹과 조에게 편지를 보내었다. 여주의 천녕현川寧縣은 모재慕齋 김안국金安國(1478–1543)이 기묘사화己卯士禍로 인하여 19년간이나 귀양살이를 한 곳이기도 하다. 이에 소고는 평소 모재를 흠모하고 공경하는 마음으로 모든 힘을 기울여서 지금의 여주시 금사면 이포리에다 기천서원沂川書院을 세우고 모재를 높이 받들어 모셨다. 그 후 기천서원은 1611년에 회재晦齋 이언적李彦迪(1491–1553)과 치재恥齋 홍인우洪仁祐(1515–1554)를, 1661년에 수몽守夢 정엽鄭曄(1563–1625)과 오리梧里 이원익李元翼(1547–1634)과 나재懶齋 홍명구洪命耈(1596–1637)를, 1708년에 택당澤堂 이식李植(1584–1647)을 추배하였으며 그 뒤에 기천沂川 홍명하洪命夏(1607–1667)를 추가로 배향하였고, 1625년(인조 3)에 사액을 받았다.

64세가 되는 1580년 가을에는 벼슬을 버리고 고향으로 돌아왔고 10월에 「태극도太極圖」와 「입도설入道說」을 완성하였다. 11월에는 백암栢巖 김륵金玏(1540–1616) 등 여러 사람들과 응석사凝石寺를 유람하였는데, 자신이 먼저 시를 짓고 문하생 수십 인이 차례로 화답시를 지어서 『응석사창수록凝石寺唱酬錄』을 엮어 내었다. 65세가 되는 1581년 8월에는 춘천부사春川府使로 나갔다가, 그 이듬해 66세가 되는 1582년 정월에는 병환이 나서 사직하고 돌아왔다.

당시 날씨가 매우 추워져서 고령高齡인 소고가 고향인 남쪽으로 내려갈 수 없게 되자, 소고는 우선 춘천에서 날씨가 따뜻해질 날을 기다리고 있었다. 이때 정승인 문정공文貞公 일송一松 심희수沈喜壽(1548–1622)가 홍천洪川으로부터 어사나 감사가 부정이 많은 고을의 원을 파면시키고 관가의 창고를 잠그는 봉고封庫의 일로 왔다가 이곳에 들러 소고에게 노자路資를 주자 소고는 이를 받지 않고 물리쳤다. "심공이 말하기를 '서울에서 추위를 보내려면 준비가 없으면 안 됩니다.'라고 하며 한사코 쓰라고 청하였으나 끝내 받지 않았다. 심공이 끝내 받지 않음에 대하여 감탄했다."라는 인용문을 통해 소고의 청렴성과 강직함, 그리고 명분이 없는 배려에 대한 단호한 거절의 태도를 엿볼 수 있다.

6월에는 병조참의兵曹叅議로 제수되고 가을에 제술관製述官의 소명을 받았으며 10월에는 공조참의工曹叅議가 되었다. 67세가 되는 1583년 7월에는 공조참의工曹叅議로 있다가 사간원대사간지제교司諫院大司諫知製教에 제수되어 두 번이나 사양하였지만 윤허되지 않았다. 그리고 삼사三司와 정원政院이 영의정 박순朴淳과 병조판서 이이李珥를 물리치라는 상소를 올렸다가 잇달아 외직으로 쫓겨났는데, 소고도 이에 연계連啓하였다가 결국 선조宣祖의 비위를 거슬러 노여움을 사서 8월에 창원부사昌原府使로 좌천되었다.

소고는 비록 좌천되었어도 태연히 공무에 임하여 부지런히 면려勉勵하고 게으르지 않았다고 한다. 그리고 서애西厓 류성룡柳成龍(1542-1607)이 경상도관찰사慶尚道觀察使로 부임해 오자, 칠언절구로 된 12편의 가요歌謠를 지어 서애에게 유리流離하는 백성을 거두고 교화敎化를 펴서 선치善治를 이루라고 당부하였다. 이로써 본다면 소고에게는 비록 창원부사가 좌천으로 가게 된 자리이지만, 소고가 평정심平靜心을 잃지 않고 부사 본연의 자세에 충실하였으며 후임자에게 선치를 당부하는 여유를 잃지 않았다고 하겠다. 69세가 되는 1585년 2월에는 특명으로 해직되어 귀향했고, 지제교知製敎에 제수되고 절충장군부호군折衝將軍副護軍에 제수되었다가 잠시 후에 상호군上護軍에 올랐다. 그리고 11월에 귀향하였다.

70세가 되는 1586년 정월 초하루에는 기운이 화평하지 못했으나 억지로 두서杜西 가묘家廟에 나아가 참배를 했고, 2일에는 자제들에게 열성조列聖朝에서 하사한 서적과 어필御筆을 찾아 기록하게 하였다. 그리고 다른 사람에게 돌려줄 서적을 기록하도록 명하였다. 3일에 해海와 녹漉 등에게 유계遺戒를 하였고 4일에는 제생諸生들을 불러들여 조용히 대화를 하면서 술을 따르라고 명하며 말하기를 "나의 학문이 본래 매우 엉성하고 나약한데도 제군들이 밤낮으로 상종하였으니 부끄러움이 많도다."라고 하였다. 정월 초6일 인시에 정침正寢에서 고종考終하니 향수享壽가 70세였다. 몇 달을 넘겨 5월 초3일에 군의 동쪽 15리쯤 되는 임구촌林丘村 태좌진향兌坐震向의 언덕에 장사 지냈는데, 소고의 외조부 김만일金萬鎰의 묘소가 그 위에 있다.

이상은 소고의 평생 관력官歷이다. 소고는 24세 때 문과에 합격한 이후 승문원권지정자承文院權知正字로 출발하여 거의 45년간 봉직한 벼슬살이를 창원부사昌原府使를 끝으로 마감하였다. 물론 중간에 친상親喪으로 인한 사직辭職의 기간이 있었기 때문에 관직이 연속된 것은 아니지만 거의 한 평생을 관직에 있었다고 해도 과언이 아니다. 소고가 평생 역임했던 관직을 다시 정리하자면 대체로 다음과 같다.

승문원권지정자承文院權知正字, 계공랑啓功郎, 예문관검열겸춘추관기사관藝文館檢閱兼春秋館記事官, 무공랑승정원주서겸춘추관기사관務功郎承政院注書兼春秋

館記事官, 예문관대교藝文館待敎, 예문관봉교藝文館奉敎, 검열檢閱, 대교待敎, 승정원주서겸춘추承政院注書兼春秋, 무공랑홍문관정자겸경연전경務功郎弘文館正字兼經筵典經, 승의랑홍문저작겸경연설경承議郎弘文著作兼經筵說經, 봉훈랑奉訓郎, 승훈랑承訓郎, 봉훈랑홍문관박사경연사경奉訓郎弘文館博士經筵司經, 홍문관수찬지제교겸경연검토관弘文館修撰知製敎兼經筵檢討官, 승의랑이조좌랑承議郎吏曹佐郎, 수찬修撰, 이조좌랑吏曹佐郎, 홍문관교리겸세자시강원문학弘文館校理兼世子侍講院文學, 조봉대부朝奉大夫 이조좌랑吏曹佐郎, 조산대부朝散大夫 성균관전적成均館典籍, 사간원정언司諫院正言, 강원도어사江原道御史, 의정부검상議政府檢詳, 의정부사인議政府舍人, 승문원교감承文院校勘, 세자시강원문학世子侍講院文學, 성균관전적成均館典籍, 직강直講, 예조정랑禮曹正郎, 사헌부지평司憲府持平, 성균관전적成均館典籍, 종묘서령宗廟署令, 사헌부지평司憲府持平, 홍문관응교겸경연시강관춘추관편수관승문원교감弘文館應敎兼經筵侍講官春秋館編修官承文院校勘, 조산대부현풍현감朝散大夫玄風縣監 진휼도관賑恤都官, 봉렬대부奉列大夫, 봉정대부奉正大夫 형조정랑刑曹正郎, 성균관직강成均館直講, 중훈대부中訓大夫 성균관사예成均館司藝, 중직대부中直大夫 성균관사예겸사헌부장령成均館司藝兼司憲府掌令, 경상도재상어사慶尚道災傷御史, 성균관사예成均館司藝, 풍기군수겸춘추관편수관豊基郡守兼春秋館編修官, 통훈대부승문원교감通訓大夫承文院校勘, 어모장군충무위사직禦侮將軍忠武衛司直, 성균관사성成均館司成, 군자감정軍資監正, 승문원판교겸춘추관편수관承文院判校兼春秋館編修官, 국장도감도청國葬都監都廳, 통정대부병조참지通政大夫兵曹叅知, 승정원동부승지겸경연참찬관춘추관편수관承政院同副承旨兼經筵叅贊官春秋館編修官, 절충장군충무위상호군겸오위장折衝將軍忠武衛上護軍兼五衛將, 통정대부진주목사通政大夫晉州牧使, 동지부사冬至副使, 승정원우승지겸경연참찬관춘추관수찬관承政院右承旨兼經筵叅贊官春秋館修撰官, 좌승지左承旨, 병조참의兵曹叅議, 장예원판결사掌隸院判決事, 황해도관찰사黃海道觀察使, 우승지右承旨, 좌승지左承旨, 홍문관부제학弘文館副提學, 승정원도승지겸경연참찬관춘추관수찬관예문관직제학상서원정承政院都承旨兼經筵叅贊官春秋館修撰官藝文館直提學尚瑞院正, 장예원판결사掌隸

院判決事, 병조참의兵曹叅議, 병조참지兵曹叅知, 경주부윤慶州府尹, 절충장군용양위부호군折衝將軍龍驤衛副護軍, 전라도관찰사全羅道觀察使, 병조참지兵曹叅知, 승정원도승지承政院都承旨, 장단부사長湍府使, 강화부사江華府使, 여주목사驪州牧使, 춘천부사春川府使, 병조참의兵曹叅議, 제술관製述官, 공조참의工曹叅議, 사간원대사간지제교司諫院大司諫知製敎, 창원부사昌原府使, 지제고知製敎, 절충장군부호군折衝將軍副護軍, 절충장군상호군折衝將軍上護軍

소고의 생애와
학문 저서 및 시 세계

2 소고 박승임의 학문과 저서

소고 박승임은 어려서부터 시를 잘한다는 소문이 났었고 또 과거 급제를 하고 출사한 이후로는 조정을 대표하는 문장가로 명성이 자자하였다. 특히 경주부윤으로 제수되어 떠나갈 때 미암眉巖 류희춘柳希春(1513–1577)은 "애석하다! 국가를 빛낼 솜씨를 가진 사람이 주부州府의 소임을 맡았다.[惜乎 以華國之手 爲州府之任也]" 라고 말하면서 아쉬워했다고 한다.

그러나 소고의 문인인 구전苟全 김중청金中清(1567–1629)은 소고의 행장에서 다음과 같이 언급하고 있다.

젊어서부터 문장에 능했다. 흥을 타고 붓을 들면 도도히 마르지 않아서 하늘이 돕고 신이 돕는 듯하였다. 그런데 중년 이후로는 시 짓기를 즐기지 아니하며 말씀하시기를 "시는 사람으로 하여금 부박하게 하므로 절대로 일삼아서는 안 된다."라고 하시었다.

[自少能文章 乘興擧筆 滔滔不渴 有若天相而神佑 中年以後 不喜賦詩曰 詩令人浮薄 切不可專事也]

구전이 기술한 이 내용을 보면 소고는 시문에 특장特長을 보이기는 하였다. 그러나 "시문은 사람으로 하여금 부박浮薄하게 하므로 절대로 일삼아서는 안 된다."라고 하는 발언을 보면 소고는 시문의 속성에 대해 누구보다 확실한 인식을 가지고 있었다고 하겠다. 그래서 실제로 중년 이후에는 시 짓는 일에 힘쓰지 않았다고 한다. 꼭 그렇다고 단정할 수는 없지만, 시문에 힘쓰지 않았다면 학문에 관심을 두었다고도 할 수 있겠다. 그런데 소고가 학문에 대한 관심을 둔 몇 가지 사례를 보면 9세 때에 『주역周易』의 64괘와 효사爻辭를 작성하였고, 20세 때에는 대나무를 엮어 천체의 운행과 위치를 측정하는 선기옥형璇璣玉衡을 만들 정도로 천문과 역학에 관심을 두었다. 그리고 과거 급제 후인 29세 때에는 인종仁宗 임금의 특명으로 역법曆法을 교정하였다고 한다.

그런데 소고가 성리학에 대한 구체적인 저술을 남긴 것은 아니다. 그렇지만 부분적으로 관심을 보인 경우가 몇 가지 있다. 소고의 연보에 따르면 12세에 '하늘과 인간은 같은 이치이다.[天人一理(閒來點檢吾身上 卽一乾坤備不偏)]'라는 제목의 시를 지었고, 16세에는 '민락제현閩洛諸賢'의 성리서를 분류하였으며, 20세 때에는 주자의 서체를 모방하여 횡거橫渠 장재張載(1020-1077)의 좌우명인 「동명東銘」과 「서명西銘」을 써서 걸어 놓고 성찰하는 지표로 삼았다. 그 이듬해인 21세에는 퇴계의 문하에 들어가 『예경禮經』, 『주역周易』, 『주자서朱子書』 등을 읽었으며 23세가 되던 1539년 2월에는 『근사록近思錄』을 읽고 난 뒤에 이렇게 말하였다.

내 몸 단속하려고 함에 응당 도가 있으니	欲檢吾身應有道
성현서 가운데 『근사록』을 읽어야 하리.	近思須讀聖賢書
젊은 시절 병폐 사장에 있음을 깨닫나니	從前病在詞章習
이제야 바야흐로 넉넉한 즐거움 알겠네.	今日方知樂有餘

이 예시를 보면 소고는 시문을 익히는 데 몰두한 병통이 있었는데 오늘에야 수신의 도를 알게 되어 기쁘다는 내용으로 그간의 행위를 반성하는 글이라고 볼 수 있겠다. 또 「우산잠牛山箴」을 지어 스스로 경계하는 좌우명으로 삼았는데 그 말미에 스스로 다짐하는 내용은 이러하다.

힘쓸지어다. 우리들은	勉矣吾人
스스로 검속하지 않아서야 되겠는가?	可不自勅
이런 내용으로 잠을 짓나니	斯用作箴
가슴에 새기고 잊지 말지니라.	服膺勿失

소고가 지은 이 「우산잠牛山箴」은 『맹자孟子』 「고자장구상告子章句上」에 나오는 우산지목장牛山之木章의 우산에서 인용한 것이

다. 맹자는 이 장에서,

우산의 나무가 일찍이 아름다웠었는데 대국의 교외이기 때문에 도끼와 자귀로 매일 나무를 베어 가니 아름답게 될 수 있겠는가? 그 밤낮으로 자라나는 바와 우로雨露가 적셔 주는 바에 싹이 나오는 것이 없지 않건마는 소와 양이 또 따라서 방목되므로 이 때문에 저와 같이 탁탁濯濯하게 되었다. 사람들은 그 탁탁한 것만을 보고는 일찍이 훌륭한 재목이 있은 적이 없다고 여기니 이것이 어찌 산의 성이겠는가? 비록 사람에게 보존된 것인들 어찌 인의의 마음이 없으리오마는 그 양심을 잃어버림이 또한 도끼와 자귀가 나무에 대해서 아침마다 베어 가는 것과 같으니 이렇게 하고서도 아름답게 될 수 있겠는가? 밤낮으로 자라나는 바와 평단平旦의 맑은 기운에 그 좋아하고 미워함이 남들과 서로 가까운 것이 얼마 되지 않는데, 낮에 하는 소행이 이것을 곡망梏亡하니 곡망하기를 반복하면 야기夜氣가 족히 보존될 수 없고 야기가 보존될 수 없으면 금수와 거리가 멀지 않게 된다. 사람들은 그 금수 같은 행실만 보고는 일찍이 훌륭한 재질이 있지 않았다고 여기니 이것이 어찌 사람의 실정이겠는가?

[孟子曰牛山之木 嘗美矣 以其郊於大國也 斧斤 伐之 可以爲美乎 是其日夜之所息 雨露之所潤 非無萌蘖之生焉 牛羊 又從而牧之 是以 若彼濯濯也 人見其濯濯也 以爲未嘗有材焉 此豈山之性也哉 雖存乎人者 豈無仁義之心哉 其所以放其良心者 亦猶斧斤之於木也 旦旦而伐之 可以爲美乎 其日夜之所息 平旦之氣 其好惡與人相近也者幾希 則其旦晝之所爲 有梏亡之矣 梏之反覆 則其夜氣不足以存 夜氣不足以存 則其違禽獸不遠矣 人見其禽獸也 而以爲未嘗有才焉者 是豈人之情也哉]

라고 했는데 이 우산을 가지고 수신하는 잠을 지은 것이다.

24세가 되던 중종 35년(1540) 12월에는 「무극부無極賦」를 지었는데 이 무극부는 만물의 근원이 된다는 태극의 현묘함을 96구로 해설한 부이다. 그 내용은 천지가 자리 잡고 음양이 뒤섞여서 오행이 나누어지고 사시가 정해지게 하는 근원이 태극인데, 이 현묘한 이치를 밝히고 계승한 복희伏義, 공자孔子, 주돈이周敦頤, 주희朱熹를 열거하고 "무극無極이 곧 태극太極이다."라는 말로 끝맺고 있다. 여기서 무극이 태극이라는 주돈이의 「태극도太極圖」는 『성리유선性理類選』의 첫머리에 실릴 정도로 이기론理氣論의 근본 명제이다.

29세 때인 1545년에는 인종仁宗에게 올린 「십점소十漸疏」는 1만 3천여 글자나 되는 장문의 상소문인데, 그 조목을 보면 "호오好惡를 살피고, 인재를 등용하고, 궁금宮禁을 엄히 하고, 기강紀綱을 바로 세우고, 절의節義를 숭상하고, 염치廉恥를 권면勸勉하고, 언로言路를 넓히고, 상벌賞罰을 신중히 하고, 사치奢侈를 억제하고, 군비軍備를 닦아야 하는데 여기에는 사람의 마음을 바르게 가지고 도학을 밝히는 것으로 근본을 삼아야 한다."라는 논지로 구성되어 있다. 다시 말하면 이 상소문의 핵심 내용은 바로 '마음을 바르게 가지고 도학을 밝히는 것'이라고 하여 성경誠敬의 마음가짐을 강조하고 있다.

31세 때인 1547년 사직서를 내고 잠시 귀향해 지내면서 성리학 이념에 따라 편찬된 주자의 『자치통감강목資治通鑑綱目』을 분류, 초록하였다. 36세 때인 1552년에는 현풍현감으로 재직하면서 「성부誠賦」를 지었다. 글이 전하지 않아 그 내용을 구체적으로 알 수는 없지만, 제목으로 보아 성리학 공부의 기본 정신 자세인 성誠의 개념을 강조한 것으로 추측할 수 있겠다. 40세 때인 1556년에는 「천문도天文圖」를 완성하였고 47세 때인 1563년에는 『성리대전性理大全』에서 핵심적인 부분을 발췌하여 『성리유선性理類選』을 초록, 편집하여 늘 곁에 두고 참고하는 자료로 삼았다. 55세 때인 1571년에는 『가례요략家禮要略』을 편찬하였고 64세 때인 1580년에는 주돈이의 「태극도」에 주석을 붙인 『태극도』와 『중용中庸』의 천天·명命·성性·도道·교敎에 관련하여 오륜의 덕을 배치하고 선유들의 주해를 인용하여 붙인 『입학설入學說』을 작성하였다.

이상의 내용을 볼 때 소고는 자신의 전 생애에 걸쳐서 성리학적인 관심과 수행을 꾸준하게 지속하였음을 알 수가 있다.

다음으로 소고의 저서를 보면 현재 남아 전하고 있는 것이 소고의 저서 전부가 아니라고 하겠다. 『연보年譜』에 따르면 소고가 32세이던 1548년 9월 기록에 이런 내용이 나온다. "선생의 셋째 아들 진사 조澡가 선생이 평소 저술한 것과 퇴계 선생 간에 내왕한 서찰과 강론한 문자들을 소장하고 있었으나, 조가 세상을 떠난 뒤에 자손이 훈계를 지키지 못하여 소장한 서적들이 모두 유실되어 선조의 문적이 마침내 없어지고 말았으니 매우 애석하다."이 기록에 따르면 현재 남아 있는 글 이외에 더 많은 글과 책이 있었을 것으로 추정된다. 따라서 현재 남아 있는 책만 가지고 이야기를 할 수밖에 없다는 점을 전제하고 기술을 이어 나가고자 한다.

소고의 저서를 그의 『연보年譜』에 나오는 내용으로 정리해 보기로 한다. 소고가 37세가 되던 1553년 봄에 『주자대전朱子大全』을 읽었고 그에 대한 「차의箚義」를 남겼다고 하는데 단행본으로 묶었는지의 여부는 자세하지 않다.

47세가 되던 1563년 4월에는 『성리대전性理大全』을 읽고 그 가운데 핵심적인 내용을 발췌하여 『성리유선性理類選』이란 책을 만들었다. 모두 10권 5책으로 주자의 70권 『성리대전性理大全』 중에서 효용성이 높은 내용을 종류별로 8편 70항으로 발췌하여 엮었는데 간행은 1912년에 되었다. 면우俛宇 곽종석郭鍾錫(1846-1919)이 쓴 서문에 보면,

> 49세 때에 이르러 『성리대전』 중에서 가장 중요한 긍경肯綮을 가져오고 정수精粹를 뽑아서 종류에 따라 조목을 세워 따로 책을 만들었다. 그리하여 몸에 지니기 편한 책을 만들어 조석으로 살펴볼 수 있게 하였다. 위로는 천도의 큰 본원으로부터 마음을 다스림과 몸가짐의 요점과 세상을 다스리고 사물을 제어하는 방략에 이르기까지 한 번 눈으로 보게 되면 손바닥을 보듯이 일목요연하게 살필 수 있게 하였다.
>
> [及年四十九歲 迺就性理大全中 提其肯綮 撮其精粹 因類立目 別爲部帙 以便隨身之裝而供朝夕之省覽 上而天道之大原 以及乎治心行己之要經世御物之畧 可一寓目而瞭然若視諸掌也]

라고 하였다.

『성리유선性理類選』의 목록은 권1에 이기理氣, 권2에 이기理氣와 귀신鬼神과 성리性理, 권3에 성리性理와 학學, 권4에 학學과 성현聖賢, 권5에 성현聖賢과 역대歷代, 권6~7에 역대歷代, 권8~9에 군도君道, 권10에 치도治道에 대하여 관련 내용을 모은 것이다. 그런데 한 가지 첨언添言해 둘 것은 소고의 『연보年譜』에 의하면 이 『성리

유선性理類選』을 47세에 만들었다고 기록되어 있는데 면우가 지은 서문에는 49세라고 되어 있어서 2년의 차이가 난다. 그 연유는 잘 모르겠으나 차이가 나는 사실만 병기倂記해 둔다.

그리고 55세 때인 1571년에는 『가례요략家禮要略』을 간행하였다. 64세이던 1580년 10월에는 『태극도太極圖』와 『입도설入道說』을 완성하였는데 이에 대해 소고는 "『태극도설』은 실로 성리의 핵심 부분이므로 학자로서 알지 않으면 안 된다."라고 말하고는 손수 무극태극無極太極 도표를 그리고 그 곁에 음양오행陰陽五行에 관한 주석을 붙였다. 또 천天·명命·성性·도道·교敎를 쓰고서 그 지위에 따라 오륜五倫과 오상五常의 덕을 배치하고 여러 가지 선유先儒들의 주해와 설명을 인용하여 붙여 드디어 한 질을 완성하였다. 그리고 이를 『입도설入道說』이라 하고는 여러 제자들을 가르쳤다. 그리고 소고의 독자적인 저서는 아니지만, 자기가 지은 시에 수십 인의 문하생들이 화답和答한 시를 모아서 만든 책인 『응석사창수록凝石寺唱酬錄』이 있다.

그리고 소고가 지은 책으로 『강목심법綱目心法』이 있는데, 이 책은 지금까지 산일散佚되어 이름만 전한다고 알려져 있었다. 1780년(정조 4) 『소고선생문집속집을 편찬할 때 대산大山 이상정李象靖(1711–1781)이 쓴 「소고박선생속집서嘯皐朴先生續集序」의 서문에도 "심법 등의 여러 책도 없어져서 세상에 전하지 않으니 비록 그 조예와 연원의 실제를 거슬러 찾고자 해도 할 수가 없게 되었다. 어찌 후학들의 무궁한 유감이 아니겠는가?[心法諸書 又湮滅而

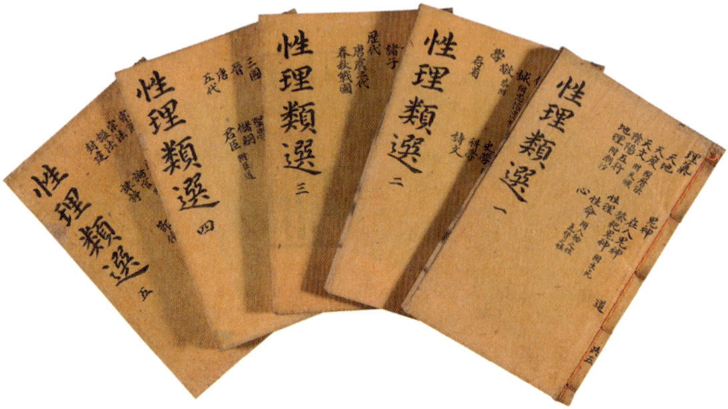

성리유선(소수박물관 제공)

不傳於世 雖欲泝求其造詣淵源之實而不可得 豈非後學不盡之憾哉」"라고 되어 있다. 그러나 소수박물관에서 2009년에 『大代를 잇는 선비정신, 영주榮州 소고가嘯皐家 사람들』의 도록을 작성하면서 이 책을 발견하였다. 이 책은 모두 18권 9책으로 구성되어 있는데 권1~2는 군도君道·군덕君德·성학聖學·저사儲嗣·군신君臣·신도臣道·치도治道·종묘宗廟·시법諡法·봉건封建·학교學校·용인用人, 권3~4는 서한西漢, 권5~6은 도道·덕德·인仁·인의仁義·어초문답漁樵問答·귀신鬼神·인륜人倫·지행知行, 권7~8은 지리地理·인재人才·논관論官·간쟁諫諍·법령法令·상벌賞罰·치도治道·전부田賦·이재理財·절검節儉·진휼賑恤·정이禎異·논병論病·이적夷狄, 권9~10은 맹자孟子·공자문인孔子門人·주자周子·정백자程伯子·정자程子·장횡거張橫渠·소강절邵康節·

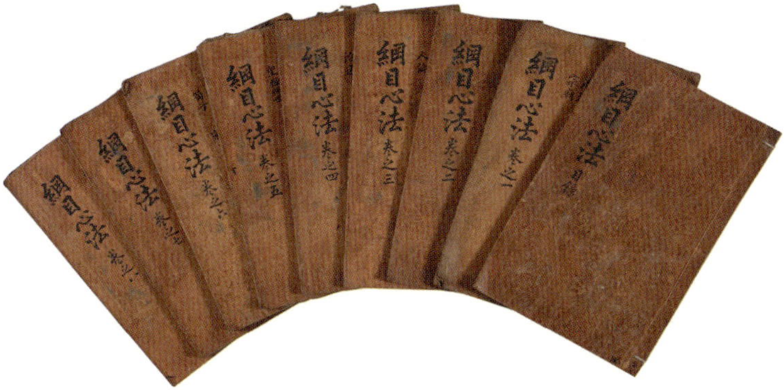

강목심법(소수박물관 제공)

황극경세皇極經世·교인敎人, 권11~13은 사학史學·과거지학科擧之學·논시論詩·노자老子·장자莊子·관자管子·손자孫子·순자荀子·동자董子·동한東漢·삼국三國·진晉·당唐·후당後唐·후주後周·송宋, 권14~15는 이기理氣·천지天地·천도天度·일월日月·풍우설박상로風雨雪雹霜露·음양陰陽·오행五行, 권16~17은 당우삼대唐虞三代·춘추전국春秋戰國·주광정朱光庭·이정고제二程高弟·제연평문祭延平文·호안국胡安國·주회암朱晦庵·장남헌張南軒·여동래呂東萊·진서산眞西山·위화부魏華父·허노재許魯齋·오초려吳草廬·성충誠忠·경성敬誠·성誠·성신誠信·충신忠信·충서忠恕·공경恭敬·공맹전도孔孟傳道·맹후주정孟後周程·성현전도심법聖賢傳道心法·성현입언聖賢立言·성인천지聖人天地·성현차등聖賢差等·성현분聖賢分·공자천지孔子天地·공자우직동孔子禹

稷同·안자증자顔子曾子·자사子思·맹자孟子·공안孔顔·공맹기상孔孟氣像·공맹대인孔孟待人·안맹재학顔孟才學·공안호학孔安好學 등에 관한 것을 기술하였다.

그리고 현재 『공문심법유취孔門心法類聚』와 『의례강록儀禮講錄』, 『사례변해四禮辨解』, 『가례요략家禮要略』 등은 책 이름만 전해지고 자세한 내용을 알 수가 없어서 그저 안타까울 뿐이다.

소고의 생애와
학문 저서 및 시 세계

3 소고 박승임의 다양한 시 세계

소고嘯皐 박승임朴承任의 시 세계에 대한 고찰은 고현진高賢鎭이 2002년에 안동대학교 교육학대학원에서 석사학위 논문으로 제출한 「嘯皐 朴承任의 삶과 詩世界」란 논문을 참고하여 나름대로 다시 정리하여 보았다.

논문에서 고현진은 소고의 시 세계를 모두 4절로 나누어 '애민의식표현愛民意識表現', '영사회고시詠史懷古詩', '유가이념儒家理念의 형상화形象化', '가족애家族愛의 표현表現'으로 설정하고 있다. 먼저 애민의식표현愛民意識表現에 대하여 살펴보기로 한다.

1) 애민의식표현愛民意識表現

소고는 젊어서 여러 청요직清要職에 나아갔다. 1583년(선조 16) 송응개宋應漑·박근원朴謹元·허봉許篈 세 사람이 율곡栗谷 이이李珥(1536-1584)의 일을 탄핵하다가 유배를 가게 되는 사건인 계미삼찬癸未三竄의 일로 인하여, 소고는 67세에 경상도의 창원부사昌原府使로 좌천되었다. 소고는 비록 좌천이 되기는 하였으나 지방의 목민관으로서 자기가 해야 할 일을 다하였다. 아래에 인용하는 작품은 소고가 창원부사로 좌천되어 있을 때에 경상감사로 부임해 온 젊은 벼슬아치였던 42세의 서애西厓 류성룡柳成龍(1542-1607)에게 피폐한 영남의 현실을 제대로 인식하고 선정을 베풀어 주기를 바라는 마음에서 지어 바친 가요歌謠로, 모두 12편의 칠언절구七言絶句로 구성되어 있는 작품이다.

영남은 번성하여 예로부터 웅부라 칭하였는데	嶺南繁庶古稱雄
문헌과 풍류는 우리나라의 으뜸일세.	文獻風流冠大東
인품과 국량이 모름지기 물망에 진실되기에	人器正須孚物望
정사를 지금 젊은 감사에게 자문하는 것이오.	諮詢今屬黑頭公

예시는 전체 12편의 작품 가운데 서두序頭에 해당하는 작품이다. 우선 영남은 인물이 성대하고 물산物産이 풍부한 고장으로 예부터 '웅부雄府'라 일컫는다고 기구에서 말하고 있다. 그러하므로 영남에서 생산되는 문헌과 영남에서 누리는 풍류는 우리나라 조선에서 으뜸을 차지한다고 승구에서 노래하고 있다. 그리고 전

구와 결구는 지방관으로 부임한 경상감사에 대한 칭찬으로 이루어져 있다. 감사의 인품과 국량局量이 물망物望에 부응하기 때문에 자신은 감사에게 고을을 다스리는 방법에 대한 자문을 구하며 부사의 직책에 임하겠다는 뜻을 나타내고 있다.

다음 예시에서는 경상감사에게 영남 고을의 민정에 대한 제대로 된 실상 파악과 정직한 보고를 당부하는 내용을 담고 있다.

풍요를 채집하는 건 전대부터 많이도 들었는데	風謠採拾盛前聞
아첨하여 부화뇌동한 것은 일고의 가치도 없다네.	獻諛雷同詎足云
어린아이들도 백성의 고락은 충분히 알고 있으니	小子飽諳民苦樂
보고문은 감히 허위로 만들어선 아니 된다오.	陳詞不敢襲虛文

예시 기구에서는 풍요風謠 채집에 관한 일을 말하고 있다. 풍요를 채집하는 일은 고대로부터 정치의 득실得失을 알아보기 위해 많이 했다고 알려져 있다. 중국 주周나라 때에는 풍속을 살펴 시정施政의 참고로 삼기 위하여 민간에서 부르는 시가詩歌를 수집蒐集하던 채시관采詩官이 있었다. 일종의 진시관풍陳詩觀風이라고 하겠다. 그런데 이때 모든 사실을 조금의 가식假飾도 없이 정확하게 파악하여 보고하여야 그 자료가 가치가 있다는 사실을 승구에서 노래하고 있다. 이어서 승구에서는 많은 경우 조정에 아부하기 위하여 사실과 다르게 작성한다고 하며, 또 거기에 부화뇌동附和雷同하여 진실을 말하지 않는다면 그것은 말할 가치조차도 없다고 강하게 말하고 있다. 그리고 허위로 작성했다가는 금방

탄로가 날 것이라는 사실을 어린아이들도 충분히 알고 있다는 표현으로 반증反證하는 언급이 전구에 보이고 있다. 어린아이들도 알고 있을 정도로 실상이 심각하므로 조정에 보고서를 올릴 때에는 절대로 허위 작성해서는 안 된다는 사실을 결구에서 노래하고 있다.

목민관은 예로부터 임금의 근심을 나누어 진 사람이란 뜻으로 '분우分憂'라고도 표현한다. 그런 만큼 자기가 관할하는 지역의 실상을 제대로 파악하여 보고하고 이를 바탕으로 상황에 맞는 대책을 강구하여 문제를 해결하는 것이 무엇보다 중요한 임무라는 것을 자각해야 한다. 여기에 조금의 허위도 개재되어서는 안 된다. 허위 보고서는 실상을 왜곡해 근본적인 문제 해결을 불가능하게 한다. 그리고 그 피해는 고스란히 백성들에게 돌아간다. 이러한 사실을 명확하게 알고 있기 때문에 소고는 시에서 허위 보고서 문제의 심각성을 지적하고 있다.

소고는 목민관으로서의 임무 자각과 함께 감사에게도 같은 인식을 하도록 권유하는 형식을 통해서 백성들을 위한 제대로 된 정치를 해야 한다고 강조하고 있다. 이러한 모습을 통해서 백성에 대한 소고의 특별한 사랑을 확인해 볼 수 있겠다.

다음의 예시는 백성들의 고통과 어려운 상황을 직접 보고하는 내용이다.

동남의 많은 백성들 거의 유랑 생활을 하니 東南百萬幾流離

가뭄과 장마에 남은 백성들 얼마뿐이라오. 旱潦殘生僅孑遺
도탄의 백성들 구출에 다급히 손써야 하니 拯溺急宜施敏手
척박한 바닷가 백성들 가장 버티기 어렵다오. 海堧磽瘠最難支

나라 근본인 백성들 먹는 것 제일로 삼으니 民惟邦本食民天
힘들어도 농사를 최우선으로 해야 한다네. 稼穡艱難最所先
장사하는 이 날로 많아 들판이 텅 비니 逐末日多田野曠
놀고 게으른 건 중들뿐만이 아니라오. 不唯游惰在緇禪

먼저 전자의 예시부터 보자. 영남 지방에 사는 백성들의 현재 상황을 노래하고 있다. 기구와 승구에서는 영남 지방에 찾아온 한발旱魃과 장마로 살아남은 사람이 겨우 얼마 되지도 않고, 설령 살아남았다 해도 수많은 사람이 유랑 생활을 하고 있는 실상을 말하고 있다. 전구와 결구에서는 척박한 바닷가에 살고 있는 사람들이 가장 버티기 어려운 삶을 이어 가고 있기 때문에 이들을 무엇보다 먼저 구해 내야 한다고 했다. 특히 도탄塗炭에 빠진 백성들을 구제할 때에는 유능한 관료가 나서서 신속하게 손을 써서 조처措處해야 한다는 것이다. 한마디로 도탄지경에 빠진 백성들의 민생을 구제하는 일이 급선무라고 강조하고 있다. 아울러 목민관으로서 민생 문제 해결에 최우선적인 정책을 실현해야 함을 강조한 것이다. 소고는 정책적 배려와 지원을 가장 절박한 사람들에게 가장 먼저 지원해야 함을 역설함으로써 백성들에 대한 그의 깊은 애정을 확인시켜 준다.

두 번째의 예시에서는 모든 인력을 농업에 투입하여야 함을 역설하고 있다. 농사는 먹는 것을 해결해 주는 매우 중요한 수단이다. 어떤 경우에도 먹지 않고는 살 수 없다는 사실을 누구보다 잘 아는 백성들이 먹는 것을 하늘로 삼고 있다는 사실을 기구에서 노래하고 있다. 그렇지만 농사는 자연조건과 밀접한 관계에 있기 때문에 당시로서는 사실상 농사는 사람이 짓는 것이 아니라 하늘이 짓는 것이라고 할 수 있다. 그처럼 농사짓기가 어렵더라도 가장 중요한 산업이기에 우선적으로 농사를 짓기 위해서는 모든 인력을 투입해야 함을 전구와 결구에서 강조하고 있다. 농사짓는 어려움 때문인지는 몰라도 장사에 나서는 사람이 많아져 많은 전지田地가 놀고 있고, 거기다가 소위 유식계급遊食階級이라고 할 수 있는 중들도 농사에 나서지 않는 현실을 개탄하고 있다. 장사는 자연재해와는 크게 관련성이 없기 때문에 안정적으로 많은 이익을 취할 수 있다고 판단한 나머지, 장사에 나서는 사람이 많아지니 상대적으로 농사짓는 인력이 빠져 나가 전답田畓들이 많이 묵게 된다는 것이다. 거기다가 중들조차도 놀고먹으니 농사 인력은 더욱 부족해지는 것이다. 그러면 당시 국가의 중요한 경제 기반인 농업이 흔들리게 되고 농업이 흔들리면 결국 국가가 흔들릴 수밖에 없다는 사실을 소고는 강조하고 있다. 산업, 특히 농업을 장려해야 하는 목민관의 임무를 소고가 확실하게 인식하고 있음을 이 작품을 통해 알 수가 있겠다.

그런데 소고는 이러한 폐단이 청렴을 숭상해야 할 선비들에게

까지 감염되어 있음을 다음에서 언급하였다.

우리나라 유학자들 남쪽 지방에 많은데	東方鄒魯此南陲
선비들 습속 무너져 진실로 비웃음 산다네.	士習頹波諒可嗤
덕행과 문사가 모두 게을리해서 폐했으니	德行文辭俱懶廢
이 고질 뜯어고치려 신의를 기다려 왔다네.	砭開沈痼待神醫

빈부를 따지지 않고 오직 호사만 일삼아서	不量肥瘠事豪奢
화려함 숭상의 그릇된 풍속 이룬 지 오래네.	誇美成風俗久訛
부임해서는 교화를 먼저 펼쳐야 하리니	攬轡要先明敎化
백성들 분화한 풍속 돌려 순후히 해야 하리.	驅民返朴革紛華

앞의 예시에서 소고는 유학자들이 많이 사는 영남 지방에 바람직하지 못한 선비 문화가 형성되어 있음을 비판하고 있다. 그것은 전구에서 분명하게 언급되고 있다. 덕행과 문사文辭를 모두 게으른 습성 때문에 하나도 제대로 성취하지 못하게 되어 많은 사람들의 비웃음을 사게 되었다는 것이다. 그래서 이것이 마침내 고질痼疾이 되어 있는 상황에서 이를 해소하기 위해서라면 신령스런 능력을 갖춘 의원이 와야 한다고 말하고 있다. 여기서 말하는 신령스러운 의원은 잘못된 선비 문화를 바로잡을 수 있는 훌륭한 목민관이라 할 수 있고 그 목민관은 바로 소고 자신을 포함한 감사여야 함을 말하고 있다고도 하겠다.

그 아래 예시에서는 빈부를 따지지 않고 호사豪奢만 일삼고 있는 백성들의 그릇된 풍속을 지적하고 있다. 단지 그릇된 풍속을 지적만 할 것이 아니라 목민관으로 부임하게 되면 그것을 바로잡아서 백성들의 호사를 숭상하는 풍속을 순박한 풍속으로 되돌릴 수 있는 개혁을 해야 한다는 것이다. 다시 말하면 풍속을 전변轉變시키는 것도 목민관의 중요한 임무 가운데 하나라고 하겠다.

다음 예시는 지방 아전들의 무도한 횡포를 고발하는 작품이다.

모진 바람 노한 우레처럼 세금을 거두어	風顚霆怒刷丁秋
백성의 피로 교활한 관리들 목구멍 채우네.	民血充塡猾吏喉
범 위세 빌린 꾀 많은 여우 누가 목을 치랴?	假虎黠狐誰斬頸
창고 속엔 산더미처럼 탈취한 뇌물 쌓였다네.	穴中贓賄積成丘

이 작품의 기구에서는 아전들이 가혹하리만치 무자비하게 세금을 거두는 것을 몰아치는 바람[疾風]과 노한 우레로 비유하고 있다. 승구에서는 그렇게 짜낸 백성들의 고혈膏血로 아전들은 오로지 자신들의 목구멍만을 채우고 있다고 가차없이 비판하고 있다. 전구에서는 그렇게 교활한 아전을 호랑이의 위엄을 빌려서 교활하게 날뛰고 있는 여우에 비유하여 말하고 있다. 그런 여우의 목을 칠 사람이 누구냐고 반문反問함으로써, 그에 대한 답이 지역을 맡은 목민관임을 넌지시 나타내고 있다. 결구에서는 교활한 여우가 한 짓이 제 굴속에 백성들로부터 탈취한 뇌물을 산더미처럼 쌓아 둔 것이라고 말하고 있다. 소고는 단지 백성들의 고혈을 착취하여 자기 목구멍만 채우는 아전들의 횡포를 비판하는 데에 그치지 않고, 목민관으로 부임한 사람이라면 응당 이들을

처단하여 백성들로부터 빼앗은 재물을 백성들에게 되돌려주어야 한다는, 목민관으로서 당연히 가져야 할 임무를 일깨워 주고 있다고 하겠다. 전구의 '누가 목을 칠 것인가?'라는 '수참경誰斬頸'이라는 시어가 이를 적나라하게 말해 준다고 하겠다.

다음에 드는 예시 작품은 아전들이 수탈하는 시기에 농부들이 더 이상 농사를 지을 수 없어서 농사를 버리고 장사의 길로 들어서는 상황을 담고 있다.

고을마다 옛 법 그대로 시장을 설치하니	列邑因循設市場
농사짓던 농부들 반쯤은 장사꾼 되었다네.	南阡耘手半爲商
교활한 장삿술로 멋대로 물가를 조절하니	探丸殺越憑玆熾
정직하지 못한 탐부 때문에 물가만 오르네.	匪直貪夫物價翔

예시의 기구와 승구는 아전들의 토색질로 어려운 상황이 전개되는 가운데 고을마다 시장이 열리고 농사에 전념하던 백성들도 어쩔 수 없이 저마다 입에 풀칠하기 위해 다투어 가며 장사치를 자청하는 상황을 그리고 있다. 전구에서는 많은 장사치들이 몰려들다 보니 조금이라도 이익을 더 얻기 위해 벌이는 살벌한 상황을 노래하고 있다. 그것은 바로 돈을 받고 살인을 하거나 재물을 탈취하기 위해 사람을 죽이는 일이 더욱 많아지는 것이다. 그렇게 장사로 사람이 몰리다 보니 이익을 조금이라도 더 얻으려고 교활한 장삿술로 물가를 속이게 되고 결국은 물가가 올라갈 수밖에 없게 된다는 것이다. 물가가 올라가면 결국 많은 사람들

은 비싸게 물건을 사야 할 것이고 그렇게 되면 점점 사람들의 살림살이는 어려워지게 된다. 살림살이만 어려워지는 것이 아니라 그에 따라 인심도 야박野薄해지게 된다. 삶에 여유가 없으니 사람으로서 가져야 할 기본적인 소양素養마저 갖추지 못하게 된다. 결국 모든 상황은 점점 더 악화되어 악순환이 계속될 수밖에 없게 된다. 이 모든 것은 결국 정치를 제대로 펼치지 못한 결과이다. 누군가는 나서서 이 악순환의 고리를 끊어 내고 정상적인 사회로 만들어야 할 것이다. 소고는 이렇게 풍속이 경박해지고 인심이 사나워져 가는 것을 염려하고 있다. 소고가 다시 한번 목민관으로서의 책임감에 대해 경각심을 가지게 되는 계기가 되었다고 하겠다.

이어지는 예시에서 소고는 병영兵營이나 수영水營에서 자행되는 뇌물賂物의 문제를 날카롭게 지적하고 있다.

왜구의 떠돌이 귀신이야 두려울 것 없다지만 島醜游魂未足虞
백성 살갗 벗기는 채수는 감당치 못하겠네. 不堪債帥剝民膚
이제라도 맑은 거울을 변경에도 밝게 비춰 주어 從今清鏡邊頭燭
흉악한 무리들의 이빨과 발톱을 조금 없애 주시게. 小戢梟狼齒爪無

예시의 기구와 승구에서 소고는 왜적들의 침략보다도 더 두려운 것이 바로 병영과 수영의 뇌물 문제임을 지적하고 있다. 당시에는 조금이라도 높고 편한 자리에서 지내려고 상관에게 뇌물을 바치고 장수가 되려고 하는 채수債帥가 많았다. 그런데 많은 돈을 뇌물로 바치고 장수 자리를 샀으니 당연히 본전 생각이 날 것이다. 그러면 그 본전 이상을 어디서 충당할 것인가? 당연히 부정한 방법으로 국가 세금을 훔치든가 아니면 아랫사람들에게 토색질을 해서 채우려고 할 것이다. 그러면 자기가 지출한 돈을 만회하기 위해 갖은 방법을 동원해 아랫사람들을 쥐어짜서 무자비한 수탈을 자행할 것은 불을 보듯 뻔할 일이 될 것이다. 무자비하게 수탈하는 방법을 결구에서는 올빼미와 이리의 이빨과 발톱이라는 의미의 '효랑치조梟狼齒爪'라고 표현하고 있다. 그러니 이러한 적폐를 밝은 눈으로 감시하고 찾아내는 노력을 이곳 변경까지 확대해서 근본적인 문제의 해결을 촉구하는 내용이 전구와 결구에 나타나 있다. 은밀하게 이루어지는 이와 같은 불법과 비리를 확실하게 찾아내어 명백하게 척결剔抉해야 하는 것이 목민관의 임무라고 소고는 지적하고 있다. 또 이와 같은 작품을 통해 병영兵營이나 수영水營에 근무하고 있는 군인들의 고통에 주목하고 그들이 겪는 고통을 염려하는 소고의 애민 정신 또한 엿볼 수 있다고 하겠다.

이러한 소고의 의지는 관아의 관리들에게 초점이 모아진다. 결자해지結者解之의 원칙처럼 원인을 제공한 그들을 징치懲治하여 이 문제를 근원적으로 해결해야 한다는 것이다.

힘 다하고 재산 다 털린 백성의 원한이 끓지만	力窮財竭沸群寃
멋대로 빼앗아 종 삼으려고 소송이 시끄럽다네.	爭奪廝搉雀鼠喧

간사한 놈을 적발하여 마음으로 자복하게 한다면 奸伏摘來心自服
관청 뜰에는 아무도 찾지 않아 푸른 이끼만 돋으리라. 公庭應見碧苔痕

예시의 기구와 승구에서는 힘도 없고 재물도 없어서 막다른 골목에 내몰린 백성들의 원성이 들끓고 있지만, 그런 백성들을 제멋대로 빼앗아 종을 삼으려는 쟁송이 날마다 시끄럽게 이어지는 관아의 모습을 그리고 있다. 정치를 제대로 했다면 이런 일은 일어나지 않았을 광경이다. 전구에서는 목민관의 올바른 임무와 자세를 제시하고 있다. 그것은 바로 은밀하게 나쁜 짓을 하는 자를 적발해 내는 것이고 또 그런 짓을 하지 못하도록 잘 깨우쳐 주어서 스스로 잘못을 인정하게 만드는 것이다. 궁극적으로는 잘못된 일이라는 것을 스스로 인식하게 해서 다시는 잘못을 반복하지 않도록 가르치는 일이다. 그래서 가장 이상적인 결과는 결구에서 말한 바와 같이 관청 뜰에 억울하다고 찾아오는 사람이 끊어져 푸른 이끼만 무성하게 자라는 상황을 만드는 것이다. 마치 창과 칼을 녹여서 농기구를 만드는 것처럼[鑄兵戈爲農器] 송사가 끊어져서 억울한 사람이 없게 하는 목민관의 정치적 능력을 확보하는 것이다. 그러한 시대의 도래를 위해 함께 노력해야 한다고 소고는 역설하고 있다.

이에 소고는 시를 마무리하는 시점에서 목민관에게 백성들의 실상을 정확하게 파악하여 선정을 베풀고 하찮은 백성의 말이라 하더라도 귀담아들으라고 권유하고 있다.

관청의 부엌은 신선의 푸줏간보다 나아서　　官廚列鼎勝仙庖
펼쳐진 커다란 상에 기름진 음식 차려졌네.　　方丈羅前簇膳膏
밥상 대하면 꼭 백성의 살 깎는 아픔 생각하고　　對案須憐民肉剜
주현의 업무 치적 서로 높이려 경쟁시키지 마소.　　莫教州縣務相高

새로 부임한 관찰사 앞다투어 보려는데　　按使新臨競聳觀
근래에 이처럼 단정한 분은 없었다네.　　向來無此玉容端
나무꾼들의 말이라도 선정에 도움 되리니　　蕘言儻可裨宣化
아무 생각 없이 화려한 시축 보듯 하지 마소서.　　莫作尋常彩軸看

첫 번째 예시 기구와 승구에서 소고는 여전히 탐관오리들에 대한 공격을 늦추지 않고 있다. 관청의 부엌에 죽 걸려 있는 솥은 신선의 푸줏간보다 나아서 사방 한 길이나 되는 넓은 밥상에 잔뜩 벌여 놓은 음식은 온갖 기름진 것으로 이루어져 있다. 이렇게 화려한 밥상을 어떻게 장만했을까? 그것은 바로 백성들의 고혈膏血을 짜내어 만든 것이라는 점을 넌지시 말하고 있다. 바로 전구에서 직설적으로 표현하고 있다. 백성들의 골육으로 이루어진 것이라고. 그래서 밥상을 대하는 관리들은 백성들의 살을 깎아 만든 밥상이라 생각하고 그들이 아무 걱정 없이 잘 살도록 해 주어야 한다는 것이다. 그런데도 실제로 각 주현을 순시할 때에 보면 이런 생각은 아랑곳없고 오로지 치적을 높이려고 서로 경쟁을 부추기고 있는데, 그렇게 경쟁시키지 말라고 충고하는 내용이 결구에 나타나고 있다. 전구의 내용은 마치 『춘향전』에 나오는 시 '금준미주천인혈金樽美酒千人血 옥반가효만성고玉盤佳肴

萬姓膏'를 연상시킨다. 목민관이 매일 대하고 있는 성대한 밥상이 모두 백성들의 고혈에서 온 것임을 한시도 잊지 말아야 한다는 경각심을 주고 있다.

그리고 두 번째 예시의 기구와 승구는 이곳에 새로 부임해 오는 목민관을 칭송하고 있는 내용이다. 승구의 근래에 이처럼 단정한 분은 없었다고 하는 말이 단순히 아부를 위한 말이라고 하기보다는, 자기의 상사인 감사에게 용기를 주어 제대로 된 선정을 펼칠 수 있게 자존감自尊感을 세워 주는 칭찬이라고도 하겠다. 이를 위해 기구에서는 사람들이 모두 감사를 보려고 고개를 쳐들고 바라보는 장면을 연출한다. 전구와 결구에서는 칭찬의 말에 도취되지 말고 자기의 본분을 잘 지켜서 제대로 업무를 수행해 달라고 당부하고 있다. 감사라는 높은 지위에서 보았을 때 나무꾼은 하찮아 보이겠지만, 그들도 왕의 백성이며 그들의 실제 생활의 체험에서 우러나온 말은 진솔한 백성들의 말이라고 소고는 당부한다. 진솔한 말이기에 오히려 내가 선정을 펼치는 데에는 도움이 될 수 있음을 확고하게 인식하고 그저 아무런 생각 없이 아름다운 시축詩軸 보듯 흘려 버려서는 안 된다는 사실을 일깨워 주고 있다. 이것은 감사에게 권유하는 말이기도 하지만 동시에 소고 자신도 잊지 않고 유념해야 한다는 다짐의 말이라고 볼 수도 있겠다.

앞에서 「가요歌謠」라는 제목의 12수 연작시連作詩를 개괄적으로 분석하여 보았다. 이 작품에서 소고는 지방에 부임한 목민관이 어떠한 자세와 정신으로 자기의 역할을 수행해야 하는지에 대해 잘 묘사하였다. 목민관은 자기 휘하麾下에서 직접 백성들을 상대하는 하급 관리들이 어떤 태도로 그들을 대하는지, 그 실제 모습을 확실하게 인식하고 있어야 함도 아울러 노래하고 있다. 잠시라도 방심하고 제대로 살피지 않으면 지방 관리들은 상사上司의 눈을 피해 백성들에게 몹쓸 짓을 할 것이다. 따라서 그 피해는 오롯이 백성들에게 돌아간다. 이에 소고는 지방 목민관의 도덕성과 애민 정신에 기초한 성실한 공무 수행이야말로 매우 중요한 사안임을 강조하고 있다. 이렇듯 소고는 유가 이념에 투철한 목민관의 올바른 정치와 감동적인 교화력에 의해서 지방의 민심이 수습되고 나쁜 풍속이 아름다운 풍속으로 일신되어 미풍양속을 진작시켜 백성들이 편안하게 잘살 수 있다는 확신 하에 공직에 임하였고 상관에게도 그렇게 하기를 권유했다고 하겠다.

2) 영사회고시詠史懷古詩

한시에서 일반적으로 역사를 소재로 한 시를 영사시詠史詩·회고시懷古詩·서사시敍事詩로 구분할 수 있다. 그렇지만 소고의 경우에 서사시는 별로 보이지 않으므로 논외論外로 한다. 중국 문헌 가운데 영사시에 관해 언급한 책으로 양梁나라 소명태자昭明太子 소통蕭統이 지은 『문선文選』이 있는데, 거기에 실린 내용을 보면 영사시는 역사의 득실得失을 읊거나 스스로의 정을 붙인 것이라고도 하고 고인의 고사古事를 읊어 개인의 회포懷抱를 그려 낸 것이라고도 한다. 그러므로 영사시와 회고시는 역사를 소재로 하여 작가의 감정과 뜻을 읊은 서정시라는 측면에서는 성질이 같지만, 작가의 감정의 방향이나 대상에 대한 접근 태도에 따라 구분이 가능하다고 한다. 영사시는 역사적 인물을 거론하며 그들에 대한 동경憧憬과 비판, 동정同情의 생각들을 기술하거나 역사적 인물에 가탁假托하여 작자 자신의 불만을 표시하기도 하고 작가가 살고 있던 당대의 위정자나 정치에 대해 비판을 가하기도 한다. 반면 회고시는 대개 역사적 유적의 현장에 나아가 지나간 시대의 영화를 그리워하거나 그곳에서 발생했던 큰 전란을 회고할 뿐만 아니라 웅장한 건축물, 번창한 문화, 커다란 사건이 모두 세월의 흐름에 따라 사라져 감에 대한 감상을 노래한 시라고 하겠다.

영사시와 회고시는 다 같이 과거를 읊고 있어서 성격상 서로 충분히 융합할 수 있는데, 그 이유는 역사적 인물을 읊은 영사시에 분명히 회고의 정이 내포되어 있기 때문이다. 소고의 경우에는 영사회고시詠史懷古詩 계열의 시를 일부 찾아볼 수 있다. 소고는 충간忠諫하는 신하의 전형을 확립하면서 전통적인 역사관인 춘추대의春秋大義의 관점에 입각한 포폄의식褒貶意識을 시로 표출하고 있다. 먼저 신라의 도읍지인 경주의 첨성대瞻星臺를 둘러보고 난 감회를 읊은 「첨성대이수瞻星臺二首」란 작품을 보자.

어찌 사람이 너처럼 장수할 수 있겠는가?　　安得人生如汝壽
오직 신라 때에 지어져 지금까지 이르고 있네.　　唯從羅代到今辰
갈고를 죽도록 두드리니 북 가죽이 뚫어지고　　打殘羯鼓皮穿面
구준을 다 따르니 술이 사람을 곤궁케 했구나!　　酌盡衢樽酒涸鱗
일꾼들이 다만 돌을 쌓아 높은 첨성대 이루었지만　　徒勤矗石成崇觀
나라의 운명은 별이 아니라 백성에게 달려 있다네.　　不解徵星在庶民
신라 당년에 만난 재앙 경계하고 두려워할지니　　當日遇災能警懼
어찌 응당 나라도 잊고 또 몸까지 잊을쏘냐?　　豈應忘國又忘身

돌을 다듬어 묶어 별 관측하던 땅을 이루니　　鍊石束成觀測地
외진 나라에서 오히려 삼신을 삼갈 줄 안다네.　　偏邦猶解謹三辰
촛불이 바람 받으면 불꽃이 사라질 것이고　　燭當風裏吹無燄
용이 밭에서 일어나면 그 비늘을 보고 알 수 있네.　　龍起田中望認鱗
부질없이 먼 천체를 관측할 줄 알았으면서도　　枉費管窺推遠象
하늘이 우리 백성 지켜보고 계심은 몰랐다네.　　不知天視自吾民
당시의 옛 유물이 거의 닳아 없어져 가는데　　當時故物消磨盡
오랜 세월 동안 천지 사이에 홀로 서 있구나.　　千古乾坤獨立身

일반적으로 첨성대瞻星臺에 대해 가질 수 있을 듯한 인식이 아니라 소고 나름대로의 인식이 잘 드러난 작품이라고 하겠다. 첫 번째 작품에서는 첨성대라는 신라 시대의 유적이 주는 교훈은 신라가 백성들의 삶에 관심하지 않고 오직 별자리의 관측에서 나라의 흥망성쇠興亡盛衰를 찾으려 했기 때문에 멸망을 초래한 것이라고 말한다. 자연의 재변災變이 일어나면 더욱 경계하고 두려워하면서 자신과 나라를 잊지 않고 돌아볼 것을 지적하고 있다.

두 번째 작품에서는 그토록 허망한 역사를 만들어 낸 첨성대가 다른 유적은 거의 다 사라졌음에도 불구하고 아직도 남아 그 사적을 드러내고 있음을 비판적인 시각으로 주목하였다. 특히 경련은 주목해서 볼 내용을 담고 있다. 부질없이 공력을 들여서 저 멀리 있는 천문은 관측하였으면서도 정작 하늘이 이 백성을 주시하고 있음을 채 깨닫지 못했다는 책망을 하고 있기 때문이다. 소고는 신라가 망한 이유는 나라의 흥망은 천체에 달린 것이 아니라 백성들의 삶에 달린 것이란 사실을 몰랐기 때문이라고 지적한다. 여기에서 소고의 영사시에 담긴 특성인 감계鑑戒 의식이 드러나고 있다. 다시 말하면 위정자들이 가장 급선무로 관심을 두어야 할 것은 민생을 제대로 살피는 일이지 터무니없이 백성들의 힘을 낭비해 가면서까지 첨성대를 만드는 것이 아니며, 위정자가 민초民草들을 괴롭혔기 때문에 멸망을 자초한 것이라고 은근히 비판하고 있다.

이러한 인식은 포석정鮑石亭을 읊은 다음 시 「포석정회고鮑石亭懷古」에서도 그대로 나타난다고 하겠다. 비판적 시각으로 칠언고시의 형태를 취하여 읊은 이 작품도 또한 역사적 감계 의식을 표출한 작품이다. 하고 싶은 말이 많아서 정형화된 형식을 선택하지 않고 칠언고시의 자유로운 형식을 선택한 것이 이채롭다.

영남의 빼어난 경치 경주의 봄이 좋은데	嶺南形勝東都春
천년 세월 동안 신라 포석정이 전해지네.	千載尚傳羅王亭

경주 첨성대(문화재청 제공)

신라 왕은 당시에 마음이 사치로 달려가서	羅王當日心轉侈
뭇 백성 목숨이 일신에 달린 줄 망각했다네.	忘却一身關生靈
물외로 놀러 다니는 데 온 마음이 기울어져	觀遊一念落物外
돌을 쌓아 전복 형상의 놀이터를 만들었네.	叢石做出鮑魚形
전복의 등 위로 부질없이 물이 돌게 하여	鮑魚背上回波漫
드디어 유상곡수에 술잔이 머물지 않는다네.	遂傳羽觴飛不停
늦봄 찾아온 계산의 번화한 길까지 나가고	溪山春晩紫陌長

풍광이 맑고 고운 속에 멀리까지 노닐었네.	風光淡蕩逑郊炯
빛나는 태양 아래 아지랑이가 어른거리고	白日遊絲光景爛
비단 아름답게 빛나고 향기가 어둑하네.	羅綺照耀香埃瞑
온갖 노래 소리는 떠가는 구름 멈추게 하고	萬般歌吹遏雲聲
번화곡 한 곡조는 후정화를 기다리네.	繁花一曲俟後庭
공자와 왕손들은 시연에 익숙해져서	公子王孫狎侍宴
날마다 돌아갈 것 잊고 놀음에 빠졌다네.	日日忘返甘荒寧
호시탐탐 노리던 백제군을 깨닫지 못하고	不覺擒虎伺我便
취해 바위에 쓰러져 불러도 깨지 못하네.	醉靠頑巖呼不醒
하루아침에 성문에는 백제 깃발 내걸리고	一朝城門紫衣旗
견훤의 군대들이 물밀듯이 들이닥쳤네.	倒戈壺漿如建瓴
군신이 다리 장단으로 한창 놀고 있는데	群臣拊髀樂未央
임금의 자리가 이미 견훤에게로 옮겨졌네.	大器已輸他人廷
분주히 달아나던 왕 끝내 사로잡혀 갇히니	奔迸終爲獨夫囚
그 누가 용맹한 견훤의 군대를 당해 내랴?	虎旅何人謨固扃
항복한 왕 곧바로 견훤에게 죽임을 당하자	青衣俄污甄王劍
백 년의 경영이 아득한 곳으로 돌아갔구나.	百年經營歸杳冥
창망한 교목에 바람과 아지랑이 예전 같은데	蒼茫喬木風煙古
변한 들판과 터엔 슬프게 반딧불 날아다니네.	郊墟變遷悲流螢
피리 소리 두어 곡조 아득하게 들려오나니	數聲玉笛哀韻迥
나그네 흰 수염 휘날리며 듣기 처량하다네.	客鬚欲白何堪聆
밭 갈고 김매도 당시 흔적 찾을 길이 없고	耕鋤無復當時迹
곡식 물결 눈에 가득하고 바위 가는 푸르네.	黃雲滿眼巖邊青
이끼는 불에 탔어도 돌은 변하지 않았으니	火燒苔蝕石不老
오래오래 남겨져서 후인의 감계가 된다네.	留作萬古般盤銘

소고는 이 작품 서두 부분에서 뭇 백성들의 목숨이 자기 일신

경주 포석정(문화재청 제공)

一身에 달려 있다는 사실도 망각한 채 포석정에서 사치 행각이나 벌인 신라 왕에 대한 분노를 표출하고 있다. 신라의 경애왕景哀王(?–927)이 왕손, 공자들과 함께 연일 포석정에서 유상곡수流觴曲水를 즐기면서 가무로 향락을 누렸던 사실에 대해 소고는 비판을 가하고 있다. 특히 왕과 신하들이 함께 즐기면서 부른 노래를 그 옛날 중국 진후주陳後主가 지어서 부르다가 망한 「옥수후정화玉樹後庭花」에 견주어 비판하고 있다. 이렇게 함으로써 이 시를 읽는 독자로 하여금 소고는 지난 역사에 대한 반성과 경각심을 가지게 하였다. 이어서 소고는 후백제 견훤甄萱의 군대가 그들의 유흥과 사치를 틈타 이곳을 공략함으로써 급기야 신라의 사직社稷이 무너지게 되었음을 지적하고 있다. 이렇게 해서 유구하게 이어져 오던 신라 천 년의 사직은 종말이 가까워져 오고 있었다. 지금까지는 주로 영사시의 범주에 들어갈 수 있는 내용이었는데 회고시의 범주에 들어갈 만한 내용도 있다. 농지로 이용되었던 곳은 황폐해져 반딧불만 날아다니고, 어디선가 들려오는 피리 소리에 나그네들은 세려고 하는 수염을 날리며 처량하게 듣고 있다. 이처럼 창망蒼茫한 교목喬木에 아지랑이 아른거리는 자연은 예나 이제나 변함없는데 인간의 역사는 흥망성쇠가 거듭하니 허망하기 그지없다는 정서는 주로 회고의 정으로 나타난다. 그렇지만 이 작품의 전반적인 정조는 감계적 교훈성 제시에 있다고 하겠다. 소고의 역사를 보는 관점이 비교적 잘 드러난 작품이라고 볼 수 있겠다.

이번에는 다소 회고의 정서를 담은 작품을 살펴보기로 한다. 500년 도읍지인 개성에 들러서 화려했던 지난날을 회상하고 현재의 상황과 견주어 느끼는 생각을 노래한 시이다.

교목이 죽 늘어선 개성부에는	喬木開城府
오백 년의 왕업이 지속되었다네.	王家五百年
가시에 묻힌 주초에 사슴이 뛰놀고	鹿遊埋礎棘
연기가 덮은 폐허엔 까마귀 모여드네.	烏集鎖墟煙
송악의 아름다운 기운 속절없이 사라지고	松嶽空佳氣
궁궐의 화원도 밭으로 변해 버렸다네.	花園但野田
어찌 그 옛날을 조문하면서 울 것이냐?	何須弔古泣
그래도 나는 태평한 시절에 산다네.	身遇太平天

예시는 「개성잡영開城雜詠」이란 제목의 작품이다. 소고는 개성을 지나면서 찬란했던 고려의 옛 성터를 돌아보고는 비감悲感에 젖게 된다. 500년 고려의 역사가 한순간에 폐허가 된 것을 보고 참으로 많은 생각에 잠긴다. 성터에 여기저기 뒹구는 주춧돌은 가시덤불에 파묻힌 채 사슴만이 무심하게 뛰놀고 있다. 그리고 연기가 폐허를 뒤덮은 즈음에 까마귀는 부질없이 모여들어 까악까악 지저귀고 있다. 왕기王氣가 다한 송악산松嶽山만 덩그렇게 저만치 서 있고 궁궐의 꽃동산은 화려했던 영화를 뒤로한 채 이제 농사짓는 밭으로 변해 버렸다. 애상감哀想感과 동시에 무상감無常感만 느끼게 한다. 그렇지만 소고는 마냥 화려했던 고려의 역사가 이렇게도 허무하게 사라져 버린 것에 대해 감상에 젖어 있을 수만은 없었다. 자신은 이미 조선의 태평한 시절에 살고 있기 때문이다. 다음 예시인 「입개성入開城」 역시 소고가 개성에 가서 읊은 작품이다.

산으로 둘러싸인 고도는 구름을 뚫고 솟았고	山圍故國插雲尖
빈 성엔 잡초 우거져 어둑하게 성가퀴 덮었네.	草滿空城翳堞纖
여전히 유민들 풍요롭게 많이도 살고 있지만	尚有遺民彌富庶
하물며 저 풍화에 볼 만한 것이 있을까?	矧伊風化動觀瞻
담장을 뒤덮은 배꽃은 온통 눈이 쌓인 듯하고	覆牆梨蕚全堆雪
늪에 떨어지는 버들꽃은 정히 소금을 뿌린 듯.	落沼楊花政撥鹽
고금에 번성과 화려함을 누렸던 숱한 일들을	今古繁華多小事
모두 시로 표현을 해 보니 마음이 서글퍼지네.	錦囊收盡任傷廉

이 작품의 두련을 보면 산으로 둘러싸인 속에 자리 잡고 있

는 옛 성터에는 잡초만 무성하여 성가퀴조차 어둑하게 덮고 있는 상황을 노래하고 있다. 함련에서는 그러한 환경 속에서도 유민遺民들이 여전히 풍요롭게, 많이도 살고 있지만, 과연 그들의 삶 속에서 지난날의 풍화風化가 일어날 수 있을지에 대한 회의를 나타내고 있다. 경련에서는 눈앞에 직접 목도하고 있는 풍광을 그리고 있다. 담장을 뒤덮고 있는 배꽃은 온통 쌓인 눈처럼 흐드러지게 하얀색을 뽐내고 있고 늪에 떨어지는 버들꽃은 마치 소금을 흩뿌린 듯 하얀빛으로 표면을 장식하고 있다. 함련과 경련을 견주어 보면 사람의 흥망성쇠의 역사를 아는지 모르는지 제 할 일만 하고 있는 배꽃과 버들꽃의 모습에서 더욱 허망한 느낌을 자아내고 있다. 미련에서는 시인의 감성으로 돌아와 번성하고 화려했던 시절에 일어났던 수많은 일을 시로 읊어서 표현해 보니 마음이 몹시 서글퍼진다는 감정을 드러내고 있다. 소고는 눈앞에 펼쳐진 폐허 속에 서서 지난 고려의 화려했던 역사를 되돌아보고는 자연의 영원함과 인간의 유한함 속에서 무한한 무상감을 느끼기에 서글픈 심정을 가눌 길이 없다고 하였다.

3) 유교이념儒家理念의 형상화形象化

소고는 시에서 자신이 학습하고 체득한 유가의 이념을 작품으로 형상화하는가 하면 제자를 포함한 주위의 인물들을 통하여 그러한 이념을 표출하기도 하였다. 다음에 나오는 예시는 「독근사록讀近思錄」이란 제목의 작품으로 스스로에 대한 성찰과 자신이 지향해야 할 가치에 대한 확신을 표현한 칠언절구의 시이다.

내 몸 단속하려고 함에 응당 도가 있으니	欲檢吾身應有道
성현서 가운데 『근사록』을 읽어야 하리.	近思須讀聖賢書
젊은 시절 병폐 사장에 있음을 깨달나니	從前病在詞章習
이제야 바야흐로 넉넉한 즐거움 알겠네.	今日方知樂有餘

전체적으로 소고가 『근사록近思錄』을 읽고 자신을 성찰, 검속하려는 다짐을 나타낸 시라고 하겠다. 기구에서는 내 몸을 검속하는 데에 도가 있음을 말하고 있다. 도로써 내 몸을 검속하는 것이 가장 효율적인 방법이라고 하겠다. 다른 수단으로도 가능하겠지만 도로 검속하는 것보다 가장 본질적인 방법은 지금까지 없다고 본다. 승구에서는 몸을 검속하는 방법으로 기구에서 도를 말했는데 바로 그 도가 성현의 책 가운데 『근사록』이라는 것이다. '근사近思'라는 말은 『논어論語』의 「자장子張」 편에 나오는 자하子夏의 말인 "박학이독지博學而篤志 절문이근사切問而近思 인재기중의仁在其中矣"에서 유래하였다. 전구에서는 성현서인 『근사록』을 읽고 병폐가 사장詞章에 있는 줄을 알게 됨을 나타내고 있다. 책을 읽기 전에는 사장이 최고의 목표인 줄 알고 그것을 숙달하기 위해 모든 노력을 기울였는데, 성현서인 『근사록』을 읽고 나서 그동안 그렇게 매진邁進해 온 사장이 커다란 병폐였다는 사실을 알게 되었다는 것이다. 그래서 결구에 가서는 사장의 병폐를 알아 멀리

하고 난 오늘 바야흐로 넉넉한 즐거움을 알게 되었다고 말한다. 다시 말하면 사장의 병폐를 극복하고 심성 수양으로 돌아오니 거기에 넉넉한 즐거움이 존재하고 있음을 인지하게 된 것이다. 이제는 사장이 아니라 심성 수양에 제대로 나서게 된 바탕이 마련된 것이다. 이 시는 이러한 깨달음을 형상화한 작품이라고 하겠다.

이러한 의지는 다음 예시 「시월우十月雨」에서 곤궁한 선비로서 당하는 모진 고통을 견뎌 내며 마침내 극복하겠다는 의지의 표현을 칠언고시의 형태로 나타내고 있다.

하늘과 땅 어두워지더니 10월에 서리 내리고　　乾坤暝色十月霜
서늘한 바람이 비 몰아 높은 다리에 내리쏟네.　　凄風帶雨鳴高棧
낙엽은 방자하게 나뒹굴면서 교만을 떨고 있고　　落葉生驕恣翻覆
찬바람은 깎는 듯이 꺾으며 섬돌을 스쳐 가네.　　寒聲掠砌摧如剗
곤궁한 선비는 집안에 누추한 홑옷 단벌이고　　窮儒四壁衣裳單
마구 흘러가는 세월에 정은 한정하기 어렵다네.　　歲華遒盡情難限
반 칸의 얼음장 구들엔 불도 때지 못했는데　　半間氷突黔未得
깨진 등잔에 거미줄 친 것을 민망하게 바라보네.　　悶見蛛絲封破盞
내 생계 대책 형편없어서 아내가 역정을 내니　　癡妻嗔我爲計疏
속절없이 빈 창 앞에서 좀먹은 책을 읽는다네.　　空向虛窓披蠹簡
아녀자들 어찌 궁한 뒤에 현달하는 이치를 알리?　　兒女焉知窮達理
만사가 하늘에 달려 있으니 그저 웃고 말 뿐일세.　　萬事在天堪一莞
따뜻한 봄은 응당 추운 겨울 지난 뒤에 오리니　　陽春應續冱寒後
잠시 동안 눈을 지그시 감고 참기만 할 뿐이네.　　可忍須臾且閉眼

10월에 찬 서리가 내리고 서늘한 날씨가 이어지고 있다. 낙엽은

져서 나뒹굴고 찬바람은 무엇이든 다 꺾어 버릴 듯이 섬돌을 스쳐 지나가는 음산한 시공간이다. 곤궁한 살림의 선비는 집안에 아무 세간도 없고 오로지 단벌의 옷만 있을 뿐이니 무정하게 흐르는 세월에 무엇으로 한정할 수 없는 마음만 복잡하다. 곤궁한 모습은 더욱 심하여 반 칸도 채 안 되는 방엔 불을 때지 못해 얼음장 같은 냉구들만 있고, 깨진 등잔엔 기름이 없어 불을 켜지 못한 것이 오래되어 거미줄만 걸쳐 있는 상황이 이어지고 있다. 이렇듯이 생계 대책이랄 수도 없는 형편에 아내는 당연히 역정을 내게 되고, 모든 것이 자기의 무능에서 비롯된 것임을 아는 '나'는 그저 창문 아래에서 책이나 뒤적일 뿐이다. 무력한 지식인의 고뇌가 묻어난다. 아녀자들은 궁달窮達의 이치를 모른다고 했지만, 실상은 그렇지가 않다. 오히려 아녀자들이 궁달의 이치는 더 잘 알고 있다. 그래서 아무 대꾸도 못하고 만사는 하늘에 달려 있다고 웃을 수밖에 별다른 방법이 없다는 것을 자인自認한다. 다만 곤궁한 선비는 이 혹독한 겨울이 지나고 나면 따뜻한 새봄이 온다는 자연의 진리를 믿고 곤궁한 뒤엔 현달顯達이 찾아오리라 기대하며 눈을 지그시 감는다. 엄혹한 현실 앞에서 무기력한 자아를 인정하고 자연의 순환 이치를 믿으며 인고忍苦하는 지식인의 모습을 잘 그려 내고 있다. 누구를 탓하기보다 천리天理에 따라 만사가 운행되고 있음을 알고 묵묵히 견뎌 내는 선비의 모습을 상상할 수 있겠다.

다음 예시는 「송김생도성환향륭送金生道盛還鄕隆」이란 제목의 작품으로 제자인 물암勿巖 김륭金隆(1549–1593)이 고향으로 돌아가서 퇴계의 문하門下에 들어가는 것을 전송하면서 어떻게 살아가야 하는지를 다짐시키는 오언율시의 시인데 이 역시 유가 이념의 시적 형상화라고 볼 수 있다. 도성道盛은 김륭의 자이다.

봄 저자에 꽃비 부슬부슬 내리고 花雨濛春市
솔바람은 저문 산등성이에 부네. 松風沸晩岡
귀향하고픈 마음 구름 따라 아득하고 歸心雲共遠
이별의 아쉬움은 강물보다 길도다. 離恨水爭長
사나이 15세에 학문에 뜻을 두고 十五男兒志
공문 삼천 제자 반열에 들어야 하네. 三千弟子行
남쪽을 가리키는 이 길은 곧은 길이니 指南玆路直
채찍질하며 부지런히 달려가게나. 鞭策莫棲遑

예시의 두련은 소고가 제자인 물암을 이별하는 계절적인 배경을 그리고 있다. 바로 꽃비가 흩뿌리고 솔바람이 불어오는 봄날이다. 함련은 제자와의 아쉬운 이별에 즈음하여 자신도 귀향하고픈 마음이 간절함을 노래하고 있다. 정든 제자와 이별하는 슬픔은 흘러가는 물보다 길고도 깊은데 고향으로 가는 제자를 따라 자신도 귀향하고픈 마음의 간절함을 흘러가는 구름 따라 아득하다고 아울러 노래하고 있다. 경련에서는 이런 감상적인 생각을 거두고 제자에게 당부하는 내용이 그려지고 있다. 바로 『논어論語』「위정爲政」 편에서 "오십유오이지우학吾十有五而志于學"이라고 한 공자의 말을 인용하여 제자인 물암이 입지立志한 바대로 공자의 수많은 제자들처럼 유가 선비로서의 삶을 살아가기를 권유하고 있다. 마지막 미련 역시 제자에 대한 당부를 묘출描出하고 있다. 지금 고향으로 가는 이 길이 곧은 길이란 표면적 의미를 넘어서서 물암이 걸어가야 하는 길은 올바르고 곧은 길이므로 좌고우면左顧右眄하지 말고, 주저하며 머뭇거리지 말고 걸어가라는 것이다. 다시 말하면 성현들이 걸어간 길이니 부단히 자신을 채찍질하면서 성찰하고 수양하며 걸어가라고 당부하고 있다.

다음 예시는 강릉대도호부사江陵大都護府使로 부임하는 작은 형인 인암忍菴 박승간朴承侃(1508-?)을 위하여 지은 「강릉교생가요위중씨작江陵校生歌謠爲仲氏作」이란 제목의 칠언율시이다. '강릉 교생의 가요'란 뜻으로 흥학사문興學斯文할 것을 촉구한 작품이라고 하겠다.

왕명을 받들어 임지로 출발하는 날에 즈음해　玉節自天臨出日
큰 산 흔드는 서릿발 위엄이 변방에도 떨치네.　霜威搖嶽慴偏方
이름난 강릉은 예부터 신선의 집이라 했는데　名區昔號神仙宅
메마른 땅은 지금 병폐의 마당이 되어 버렸네.　瘠土今成病弊場
학교엔 잡초가 무성하니 교육을 포기하였고　學校草蕪抛教育
전가엔 백성들 흩어져 굶주림 얼마나 겪었나?　田廬民散閱饑荒
평생 도를 배우는 것은 군자를 만나는 일이니　百年學道逢君子
'물배장'을 노래 부른 것 기쁘게 이어 가게나.　喜續風謠勿拜章

예시의 두련은 소고의 작은형인 인암 박승간이 왕명으로 강릉대도호부사로 부임하는 사실을 노래하고 있다. 이제 큰 산을 뒤흔들 듯한 서릿발 같은 위엄이 강릉에도 떨쳐지리라는 기대를 나타내고 있다. 함련에서는 신선의 집이라는 옛 구호가 무색하리만치 병폐의 장이 되어 버린 강릉을 안타깝게 여기고 있다. 경련에서는 구체적으로 병폐의 장이 된 사실을 노래하고 있다. 학교는 더 이상 교육을 하지 않아 마당에는 풀만 무성하게 자라 있고 농가에도 농부들이 흩어져 유랑하는 바람에 많은 이들이 굶주림을 겪을 정도로 황폐해져 버렸다는 것이다. 마치 회헌晦軒 안향安珦 선생이 쓴 「제학궁題學宮」 시의 결구인 "봄풀만 뜰에 가득하고 적막하게 아무도 없다네.[滿庭春草寂無人]"를 연상케 한다.

미련에서는 작은형에게 바라는 기대를 적고 있다. 그것은 바로 도를 배우는 군자들을 영접하여 교화를 베푸는 일이다. 특히 그 옛날 주周나라 무왕武王 시절에 소백召伯이 남국을 순행巡行하면서 선정을 베풀 때 팥배나무 아래에서 쉬어간 적이 있는데 소백이 떠난 뒤에 남국의 백성들이 소백의 덕을 그리워하여 소백이 머물고 쉬었던 팥배나무를 소중하게 여겨서 그 팥배나무를 차마 베거나 휘지 않고 아꼈다는 고사처럼, 작은형이 풍요風謠를 듣고 교화를 시행해 주기를 기대하고 있다. 다시 말하면 강릉에 부임한 작은형에게 피폐한 민생과 무너진 교육을 되살리고 어진 정사를 베풀어 달라는 소망을 노래하며 유자儒者로서 마땅히 가져야 할 기본적인 본분과 소양을 다시 한번 강조하고 있다.

이러한 소고의 의지는 아래의 예시 「송주첨정경유선생출쉬기성送周僉正景遊先生出倅基城」라는 제목의 시에서도 잘 나타나 있다. 당시 첨정으로 있던 신재愼齋 주세붕周世鵬이 풍기군수로 부임하는 날 신재를 보내며 준 작품으로 선정을 당부하는 내용을 담고 있다. 그런데 문집에는 1540년인 경자년에 시를 지은 것으로 기록하고 있으나 연보에는 그 이듬해인 1541년 신축년 가을 소고의 나이 25세 때에 신재에게 시를 지어 준 것으로 나와 있다. 어느 것이 맞는지를 알지 못하겠다.

죽령의 남쪽에 자리 잡고 있는 풍기 고을은	有郡豊基竹嶺南
푸른 산이 감실처럼 사방으로 감싸고 있네.	青山四面繞如龕
높고 낮은 울타리에 사는 백성들 항산이 있고	高低籬落民恒産
수레와 말을 탄 나그네들 기꺼이 빨리 모였다네.	多少輪蹄客盍簪
근년에 흉년이 들어서 지방과 서울을 걱정하였는데	比歲饑荒虞浙甸
청명한 조정의 인물들 장감처럼 되기를 요구하네.	清朝人物要張堪
술잔을 높이 들어서 이날을 사사로이 축하하는데	崇觴此日私攢賀
현가 소리 고을 멀리까지 퍼지길 기다리네.	佇見絃歌境外覃

예시의 두련은 신재 주세붕이 군수로 가는 풍기 고을의 지역적 배경을 노래하고 있다. 풍기는 죽령 남쪽에 있는 고을인데 사방이 청산으로 빙 둘러싸인 곳으로 인심이 순박할 것임을 넌지시 나타내고 있다. 함련은 그 고을에 살고 있는 주민들의 생활상을 그리고 있다. 높고 낮은 울타리를 둘러치고 사는 주민들의 삶에는 항산恒産과 항심恒心이 있어서 여유롭고 수레와 말을 타고 달려오는 다수의 나그네들이 의기투합하여 이 고을로 달려온다는 것이다. 아마도 이 고을이 학문의 고장이기에 나그네들이 학문을 닦으러 오는지도 모르겠다. 경련에서는 어려운 민생을 해결하는

훌륭한 목민관의 내도來到를 기다리는 심정을 노래하고 있다. 어양태수漁陽太守로 부임하여 나쁜 관리를 제거하고 농상을 권장하여 백성들이 태평을 구가하게 만든 후한後漢의 장감張堪과 같은 훌륭한 목민관이 되어 달라고 신재에게 기대하고 있는 듯하다.

미련에서는 풍기군수로 부임하는 신재愼齋를 축하함과 동시에, 신재가 교화를 통한 선정을 베풀어 백성들의 칭송하는 소리가 널리 퍼지기를 간절히 소망하고 있다. 소고는 자기 고향인 영천榮川의 인근 고을인 풍기로 부임하는 신재에게 고을을 잘 다스려서 군민들이 항산恒産과 항심恒心을 가지고 살아갈 수 있도록 교화를 통한 선정을 베풀어 달라는 간절한 소망을 이 작품에 담아 노래하고 있다.

이러한 소고의 의식은 평안도 곽산郭山에 사는 효녀를 칭송하는 데서도 동일하게 보인다. '효녀의 이름은 사월四月'이라는 부제가 붙은 「곽산효녀문郭山孝女門 여명사월女名四月」이라는 제목의 예시를 보자.

갈 때는 섣달이 거의 다 지나가는데	往矣臘欲謝
올 때에는 이미 따뜻한 봄바람이 부네.	來思陽已噓
말 위에서 오고 간 두 달 동안에	馬上二月間
두 번이나 효녀의 집을 지나갔다네.	再經孝女居
탁월한 백 가지 행실의 근원인 효성이	卓卓百行源
아득히 궁벽한 마을에도 전해진다네.	杳杳窮村墟
저 효녀가 죽은 지 이미 오래되었으나	伊人逝已久
한 조각 비석이 마을의 정려와 같다네.	片石猶旌閭

지난 일 듣건대 어머니께서 병이 들어　聞道母疾病
위태하기 끓는 솥 안의 물고기 같았다네.　危甚湯鼎魚
효녀의 마음 정히 저절로 타는 것 같아　女心政自苦
애간장을 태우며 마음을 졸였을 것이네.　中腸劇焚如
부모 은혜 하늘같이 소중한 줄을 알고　恩知昊天重
천금 같은 몸은 허망하게 던져 버렸다네.　身擲千金虛
드는 칼로 죽순 같은 손가락을 베었으니　霜刀斫春筍
하늘이 지척의 거리에서 밝게 보았네.　鑑臨天咫餘
선혈이 겨우 어머니의 입에 이르자　鮮血纔到口
오래된 고질병이 모두 고쳐졌다네.　沈痾劃驅除
지극한 효행에 병마도 굴복하여　至行降二豎
승천하려던 영혼 갑자기 소생하였다네.　升魂忽返初
슬프다! 한 치의 조그만 정성 기울였더니　嗟哉一寸誠
영향력이 이처럼 크게 나타났구나.　影響有是諸
장부들도 또한 하기 어려운 일이건만　丈夫亦云罕
여인 가운데 이에 그를 보게 되었다네.　女中乃見渠
높다란 명성은 마침내 우주에 다다르고　高名竟宇宙
산같이 높은 물이 천천히 흘러가네.　山屹水徐徐
바람이 불고 먼지가 날리는 곽산 길에　風埃郭山道
사자의 수레 몇 번이나 머리 숙여 절했는가?　幾式使者車
큰 비석의 내용이 중국에까지 알려졌으니　豊碑遍中土
홀로 우리나라 역사에만 기록될 것인가?　不獨東史書

이름이 사월로 알려져 있는 곽산 효녀문이란 제목의 시로 효녀의 탁월한 효행을 노래하고 있는 오언고시이다. 아마도 소고는 두 번이나 명나라 사행길에 올랐기 때문에 평안도 곽산을 두 번 지나갔을 것이다. 그래서 두 번 효녀의 집 앞을 지나갔다고 하였다. 그때 효녀의 효행에 대해 듣고 꼭 글로 지어 널리 알려 많은 사람들이 본받았으면 하는 기대로 이 작품을 쓴 듯하다. 오래전에 죽은 효녀의 효행이 비석에 새겨져 있지만 실제로는 마을 사람에게서 들은 이야기로 작품을 구성하고 있다. 어머니가 위중한 병에 걸려 목숨이 경각에 달렸을 때 효녀 사월은 어머니 은혜의 소중함만 알고 천금 같은 자기 자신을 돌보지 않은 채 예리하게 드는 칼로 손가락을 베었다. 그리고 그 피로 꺼져 가는 어머니의 목숨을 회생시키기 위해 어머니의 입에다 그 피를 흘려 넣었다. 효녀의 정성 어린 지극한 효행으로 그 모친은 모진 병마病魔를 물리치고 소생하였다. 이러한 행동은 사내대장부들도 실천하기 힘든 일인데 효녀가 거뜬히 해내었으니 이런 탁행卓行은 우리나라 역사뿐만 아니라 중국에까지 널리 알려지게 되었다고 한다. 이러한 효행을 전해 들은 소고는 감동을 받아 급기야 시로 표현하게 되었던 것이다.

이상에서 살펴본 바와 같이 소고는 다양한 유가 이념을 다양한 형식의 시 몇 편으로 형상화하고 있다. 이는 철저한 유자 의식을 소유하였기 때문에 가능했던 일이라고 생각된다.

4) 가족애家族愛의 표현表現

가족에 대한 사랑을 시로 읊는 것은 오늘날에는 많이 볼 수 있는 흔한 일이지만, 전통시대에는 흔히 볼 수 있는 일은 아닌

듯하다. 물론 두보의 시를 보면 가족에 대해 읊은 작품이 간혹 보인다. 그 외에도 많은 사람들이 가족에 대해 읊고는 있지만, 그것이 작품에서 주류를 차지하는 것은 아니라고 알고 있다. 소고는 인仁의 발로라 할 수 있는 가족과 이웃에 대한 인간애의 실천을 작품으로 형상화하고 있다.

소고는 「주중구일이수舟中九日二首」 가운데 두 번째 작품에서 형제가 힘을 합쳐 모친에게 헌수獻壽를 하는 아름다운 모습을 시로 형상화하면서 자기의 생각을 표현하고 있다.

형 노래하고 아우 춤춰 온 집이 떠들썩한데	兄歌弟舞鬧高堂
손수 섬돌의 국화 따서 헌수의 술잔에 띄우네.	手摘階花泛壽觴
이것은 우리 가문의 아름다운 전통이니	此是吾家好風采
꿈속에서도 오히려 화락한 흥취를 기억한다네.	夢中猶記興陽陽

예시 작품의 기구와 승구는 형제가 화합하여 모친을 위로하고 국화를 따서 헌수獻壽의 술잔에 띄워 모친께 바치는 효심을 노래하고 있다. 형은 노래를 부르고 아우는 춤을 추며 형제가 화락한 모습을 보여서 고당高堂에 계시는 모친을 위로하는 효성을 드러낸다. 이것은 마치 춘추 시대 초나라의 은사隱士인 노래자老萊子가 나이 칠십이 되어서도 새끼로 띠를 매고 오색의 알록달록한 옷을 입거나 새 새끼를 가지고 놀고, 물을 그릇에 담아 마루에 올라가다가 일부러 넘어져 우는 행동을 함으로써 모친을 즐겁게 해 드린 고사와 같다고 하겠다. 전구와 결구에서는 이렇

게 모친을 즐겁게 해 드리는 것을 집안의 아름다운 전통이라 하면서 꿈속에서조차 화락한 흥을 기억할 정도라고 노래하고 있다. 이처럼 형제간에 화락하여 모친을 즐겁게 하는 가족 사이의 아름다운 정을 이 작품은 잘 노래하고 있다.

다음 예시는 '중형인 자열이 길을 나선 지 이미 수일이 되었다는 고향의 소식을 듣고 기뻐서 짓는다.'라는 제목의 「득향신 자열중씨등정이수일 희부得鄕信 子悅仲氏登程已數日 喜賦」 작품으로 형제간의 정을 담고 있는 작품이다.

까치가 울어 새벽에 사람을 깨우는데	鵲噪徵今曉
등잔불 켜고서 지난밤 일을 생각하네.	燈花記去宵
편지를 전하는 누렁이는 급하게 짖고	書傳黃犬急
길가에 만나는 흰 구름은 아득하구나.	路接白雲遙
기러기는 함께 남과 북으로 날아가는데	鴻雁隨南北
형제가 조석으로 이렇게 떨어져 있구나.	塤篪在暮朝
서재를 모름지기 깨끗하게 청소하였다가	西齋須灑掃
서로 만날 날을 기다려 함께 화락하리라.	相待共陶陶

예시의 두련은 좋은 소식이 올 것을 암시하고 있다. 그것은 바로 까치 소리가 새벽에 울려 퍼져 사람을 깨웠기 때문이다. 그리고 일어나 등잔불을 켜고 지난밤의 일을 기억해 낸다. 까치는 보통 기쁜 소식을 알려주는 역할을 한다고 해서 희작喜鵲이라고 한다. 그러니 형님에 관한 기쁜 소식이 전해진 것이다. 함련에서는 드디어 편지가 전해진 상황을 묘사하고 있다. 편지가 전해지

니 누렁이가 급하게 짖고 길가의 구름도 아득하게 피어오른다. 경련에서는 떨어져 지내는 형제간을 노래하고 있다. 기러기는 남북으로 함께 오고 가는데 훈지壎篪를 부는 형제는 조석으로 떨어져 지낸다는 것이다.

어떻게 보면 소고의 형제는 기러기보다도 못하다. 왜냐하면 기러기는 함께 다니지만, 형제는 서로 떨어져 지내 화락한 정을 나눌 수가 없다. 그래서 미련에서는 형제가 앞으로 만나게 될 그날을 미리 준비하는 장면이 그려지고 있다. 그것은 바로 서재를 깨끗하게 청소해 두는 것이다. 형제 상봉의 날이 언제가 될지는 알 수 없으나 갑자기 닥쳐올 수도 있기에 만남의 기쁨을 극대화하기 위해서라도 미리 서쪽의 재실을 청소해 두는 것이다. 그만큼 형제간의 우애가 돈독함을 엿볼 수 있는 부분이다.

다음 예시 역시 형제간의 우애를 느낄 수 있는 작품이다. 특히 가족이 불행을 당했을 때 적극적으로 위로하며 함께 아파하는 심정을 표현하고 있다. 이 작품은 '중씨께서 병중에 지으신 시를 보고 몹시 놀라고 기뻐서 급하게 차운을 한다.'라는 제목의 「견중씨병중시 경희지극 솔이차운見仲氏病中詩 驚喜之極 率爾次韻」이다.

객지의 벼슬살이 자유롭지 못해 답답하였는데	客宦樊籠鬱鬱然
귀향하고픈 마음에 나는 솔개를 부러워하네.	歸心却羡翰飛鳶
굶주린 매는 먹이 찾으러 천 리 밖을 누비고	飢鷹逐食投千里
병든 기러기 깃을 접고 칠 년간 누워 있네.	病雁催翎臥七年
멀리 떨어져 보이지 않으니 마음만 홀로 가고	望斷不禁神獨往

생각이 깊어도 어쩔 수 없어 꿈속에 자주 만나네. 思深無柰夢頻牽
갑자기 고향 편지 받자 슬픔과 기쁨이 교차하니 忽擎鄕信交悲喜
베갯머리 남모르는 근심을 편지에 담아 보냈군요. 枕上幽愁寫在牋

예시의 두련은 벼슬길에 있는 자신이 병중의 형을 만날 수 없어서 애태우는 심정을 노래하고 있다. 객지에서의 벼슬살이는 마치 새가 새장에 갇혀 있는 것처럼 자유가 없어서 답답하니 정작 보고픈 형님을 뵈러 갈 수가 없다. 매여 있는 몸이기 때문에 그런 것이다. 그러니 마음껏 날아다니는 솔개의 처지가 부럽다는 표현은 돌아가고픈 마음이 간절함을 반증反證해 주고 있다. 함련에서는 자신과 형의 처지가 묘사되어 있다. 자신은 고향을 떠나 천리 밖에서 먹이를 찾는 굶주린 매의 신세라고 비유하고 있다. 그리고 형은 깃을 접고 7년 동안이나 누워 있는 병든 기러기란 것이다. 형에 대한 그리움이 더욱 간절할 수밖에 없다. 경련에서는 돌아갈 수 없는 현실적인 환경을 나타내고 있다. 벼슬길에 나간 자신은 고향에 두고 온 형을 보고 싶어도 멀리 떨어져 있어서 볼 수가 없으니 마음으로만 고향을 가고, 또 생각이 아무리 깊어도 어쩔 수가 없어서 꿈속에서만 자주 만난다는 것이다. 현실에서 불가능한 일이기에 마음만 달려가고, 꿈속에서만 만난다는 표현을 통해 만나고 싶은 마음이 간절함을 역설적으로 표현하고 있다. 형을 볼 수 없어서 조바심을 내고 있던 차에 갑자기 고향 소식을 받게 되었는데 그 편지 속에는 남모르는 형의 근심이 담겨 있었다. 그러니 편지를 받았다는 사실에 대해서는 기쁜 마음이 들지만, 정작 편지 속에 담긴 형의 사연을 보니 슬픈 마음을 가눌 수가 없어서 그야말로 희비가 교차하는 복잡한 감정이 더욱 심사를 뒤흔들고 있다. 이 예시 역시 형제간의 끈끈한 우애를 엿볼 수 있는 작품이라고 하겠다.

소고의 이런 곡진한 가족애는 부인의 죽음을 맞아 지은 만시輓詩에 보다 절실하게 표현되어 있다. 아래의 예시는 '사망한 부인 예천권씨의 만사 3장'이라는 제목의 「만망실정부인권씨삼장挽亡室貞夫人權氏三章」이란 작품이다.

상투 틀고 쪽을 지어 부부 된 지 結髮爲夫婦
금년에 사십 년이나 지났다오. 今垂四十年
화목한 정의는 저절로 지극했고 關關情自至
함께 다정하게 노력하며 살았다오. 翽翽翼相連
벼슬살이 동안 가난과 병마로 고생시켰고 遊宦交貧病
늘그막에 먹고 자는 것을 의지하였네. 衰遲仗食眠
하루아침에 날 버리고 가 버리니 一朝相捨去
홀로 서서 남쪽의 무덤을 향하네. 孑立向南阡

생계는 내 졸렬함으로 형편없었고 闊計緣吾拙
가정은 그대의 어짊을 믿고 지탱했네. 持家恃子賢
아들을 가르쳐서 글자를 깨우쳤고 教兒俱識字
딸을 길러서 모두 출가를 시켰지요. 養女各移天
현달이 가 버리니 궁하기는 옛날 같고 達去窮依舊
근심이 닥치니 모든 것이 즐겁지 않네. 憂來樂不全
생각에 떠오르는 많고 적은 일들은 念頭多少事

고이고이 모두 품고 저승으로 가시구려. 抱盡向重泉

뜻밖에 서로 멀리 떨어져 지냈으니 偶爾相違遠
갑자기 영결할 줄을 어찌 알았으랴? 那知永訣忙
반생 동안 늘 병을 안고 살았는데 半生恒抱病
한 해 여름에 병이 더 깊어졌네. 一夏劇增傷
얼굴 가려 저승과 이승으로 닫히니 隔面幽明閉
죽을 때까지 통렬한 한이 길겠지요. 終身痛恨長
웃고 지내 온 세월을 생각해 보니 依依追笑語
이 늙은 몸 빈방에서 눈물 흘리네. 老淚瀉空堂

소고는 부인을 만나서 40여 년을 함께 다정하게 지냈다. 벼슬살이하느라 집을 비웠을 때 가난과 질병으로 많은 고생을 하였고 노년에는 숙식을 전적으로 의지했다. 그런데 하루아침에 부인이 자신을 버리고 떠나니 갑자기 멍해져서 남쪽 무덤만 바라본다는 미련의 표현을 통해서, 소고는 상실감과 함께 고마움, 미안함이 한꺼번에 몰려와 추스르기 어려운 감정 상태에 빠져 있다는 것을 알 수 있다.

두 번째 작품의 두련에서는 생계에 대한 자신의 형편없음과 부인의 경륜을 언급하고 있다. 자신은 생계에 대해서는 졸렬하다고 스스로 인정하고 모든 것은 부인의 현명한 경륜으로 유지되었음을 인정하고 있다. 함련에서는 부인의 구체적인 경륜의 모습이 등장한다. 그것은 바로 아이들을 가르쳐서 글자를 깨우치게 한 것과 딸들을 길러서 모두 출가를 시킨 일이다. 자녀 교육과 결혼을 시키는 일은 오늘날과 같은 여건하에서도 부부가 쉽게 하기 어려운 일인데, 당시에 부인이 이를 독담獨擔하여 모두 성취시켰다는 것은 부인의 능력과 경륜이 대단함과 아울러 부인에 대한 소고의 고마움이 극대화된 모습이라고 하겠다. 경련에서는 곤궁과 근심이 찾아온 이후의 상황을 노래하고 있다. 궁달窮達이야 언제나 서로 갈마들어 찾아오는 것이지만 막상 현달顯達함이 지나고 궁함이 찾아오니 견디기가 어렵고 근심이 찾아오니 즐거움이 온전할 리가 없다는 상황을 표출하고 있다. 마지막 미련에서는 모든 것을 잊고 저승으로 잘 가라는 소고의 솔직한 심정을 노래하고 있다. 돌이켜 보면 그동안 겪었던 수많은 일이 떠오르지만, 이제는 어찌할 수 없는 지경이 되어 버렸으니 그 모든 것 다 안고 저승으로 편히 떠나라는 소고의 바람을 담고 있다.

마지막 작품의 두련에서는 멀리 떨어져 지내다가 갑작스런 영결을 하게 되어 당황스러운 심정을 나타내고 있다. 우연하게도 서로 멀리 떨어져 지내느라 그간 안부도 제대로 살피지 못하고 있으면서 다음에는 꼭 함께 있으리라 기대하고 있었으니 갑작스런 영결이 몹시도 당황스러울 수밖에 없었을 것이다. 그래서 영결을 어찌 알 수 있었겠느냐고 반문反問하고 있다. 함련에서는 평생 병을 달고 지내는 사람이라 대수롭지 않게 생각했는데, 한 해 여름에 갑자기 병세가 심해져서 걱정은 되었다는 심정을 나타내고 있다. 경련에서는 갑작스럽게 생과 사로 갈려서 이별을 하게 되니 살아남은 자신은 평생 통렬한 한을 지니고 살아야 함을 말하고 있다. 미련에서는 지나간 시절을 추억하며 아무도 없는 빈방에서 눈물만 줄줄 흘리는 행동으로 부인에 대한 애틋함과 고마움, 미안한 감정을 담아내었다고 하겠다.

부인에 대한 세 편의 만시를 모두 살펴보았을 때 소고의 부인에 대한 절절한 사랑을 느낄 수 있었다. 특히 마지막 작품의 미련을 보면 부인과 한평생 지내 온 결혼 생활의 과정을 되돌아보았을 때 행복했던 시간보다 그렇지 못한 시간이 훨씬 길다는 사실을 인식하고 더욱 가슴 아픈 심정을 느꼈을 것이다. 그래서 늙은 몸으로 아무도 없는 빈방에 들어가 하염없이 슬픔의 눈물을 흘리는 모습을 통해 회한의 감정과 동시에 미안한 감정이 교차되어 더욱 가슴이 아릴 것이다. 그것은 결국 부인에 대한 절절한 사랑의 표징表徵이라고 하겠다.

제3장

소고종가의 문헌과 제례

3장에서는 소고종가에 보관되어 있다가 2003년과 2005년, 그리고 2017년 세 차례에 걸쳐 한국국학진흥원韓國國學振興院에 기탁寄託되어 관리되고 있는 문헌을 고서古書와 고문서古文書와 목판木板과 현판懸板, 서화書畫 분야로 분류하여 살펴본다. 이어서 2006년에 영주시립 소수박물관紹修博物館에 기탁된 소고종가의 문헌에 대해서도 아울러 살펴보기로 한다. 소수박물관에 기탁한 자료는 물론 한국국학진흥원에 기탁한 자료보다는 양적인 면에서 보았을 때 비교가 되지 않을 만큼 적지만 중요한 문헌이 있기 때문에 살펴보지 않을 수 없다. 그리고 소고종가에서 지내 오던 불천위不遷位 제사와 묘소에 지내는 묘제墓祭에 대해서도 순서대로 살펴보기로 한다.

소고종가의
문헌과 제례

1 소고종가의 소장 문헌

소고종가는 그 역사가 오래된 만큼 보관하고 있던 문헌이 상당히 많은 숫자에 이른다고 한다. 이 책에서는 소고종가에 보관되어 오다가 도난과 분실의 위험, 보관과 관리의 어려움 등의 이유로 한국국학진흥원에 기탁된 자료를 중심으로 살펴보기로 한다. 그런데 워낙 자료가 방대하여 모든 자료의 목록을 기술하는 것은 현실적으로 불가능하기 때문에 논의의 편의성을 위해 고서古書와 고문서古文書, 그리고 목판木板과 현판懸板, 서화書畫 분야로 나누어 기술하고자 한다.

먼저 고서로는 경부經部에 52종 134점, 사부史部에 59종 206점, 자부子部에 30종 59점, 집부集部에 193종 400점으로 모두

334종 799점을 차지한다.

그리고 고문서로는 상소上疏가 1종 1점, 소지所志가 1종 3점, 호적戶籍이 1종 5점, 자문尺文이 1종 2점, 명문明文이 1종 13점, 분재기分財記가 1종 2점, 간찰簡札이 1종 419점, 고목告目이 1종 2점, 통문通文이 1종 11점, 양안量案이 1종 3점, 용하기用下記가 1종 1점, 족보族譜가 1종 3점, 추수기秋收記가 1종 2점, 치부기置簿記가 1종 5점, 망기望記가 1종 5점, 물목物目이 1종 2점, 시권試券이 1종 4점, 시문詩文이 1종 104점, 일기日記가 1종 1점, 만사輓詞가 1종 32점, 제문祭文이 1종 84점, 행장行狀이 1종 29점, 좌목座目이 1종 4점, 성책成冊이 1종 14점으로 모두 24종 751점을 차지한다.

목판木板으로는 목판이 9종 694점, 현판懸板이 12종 12점으로 모두 21종 706점을 차지한다.

마지막으로 서書는 3종 3점, 화畵는 1종 1점, 탁본拓本은 2종 2점으로 모두 6종 6점을 차지한다.

이렇게 하여 소고종가에 보관되어 오다가 한국국학진흥원에 기탁되어 관리되고 있는 문헌은 모두 385종 2,262점으로 대단한 분량을 보여 주고 있다.

먼저 소고종가에 보관되어 있던 문헌 가운데 눈에 띄는 몇몇 고서를 살펴보면 병옹病翁 신필정申弼貞(1656-1729)의 『훈몽역의訓蒙易義』가 있고 『골동람요汩董覽要』가 있다. 이 책들은 소고의 후손들이 편찬한 『강목작해綱目酌海』, 『한서작해漢書酌海』와 유사한 소고 문중의 가학적家學的 전통을 보여 주는 책이다. 또 『강목작해』

는 한서漢書과 후한서後漢書, 그리고 진서晉書 부분의 내용을 강령과 제목으로 나누어 요약한 것이고, 『강목일차綱目日箚』는 청하聽荷 박승진朴勝振(1853–1930)이 『자치통감資治通鑑』을 읽으면서 중요한 대목을 차기해 놓은 책이다. 특히 『강목작해』와 『강목일차』는 소고 문중의 후손들이 소고의 『강목심법綱目心法』에 영향을 받아서 편찬한 특징을 보여 주고 있다. 또 『국조역대총론國朝歷代總論』은 박승진이 우리나라의 역대 역사에 대하여 계통적으로 정리해 놓은 책이다. 그리고 『동사영화東史英華』는 고려 왕조의 역사 전체를 시대별로 중요 사실과 인물을 중심으로 간략하게 정리한 책이다. 뒷부분에 수록된 『여사영언麗史零言』은 여말선초에 활동한 주요 인물의 일사逸事를 기록해 놓았다. 이 책은 소고 문중에서 편찬한 『강목심법』, 『강목작해』, 『한서작해』 등과 유사한 것으로 보아 소고 박승임 후손들의 가학적 전통을 보여 주는 자료이다.

또 『관감록觀感錄』은 임진왜란 때의 명장인 박의장朴毅長(1555–1615)의 행적과 공훈을 기록하고 그 유문遺文을 모아 1789년 외손 이주원李周遠과 박선朴璿 등이 편집하여 간행한 책이다. 이 책은 임진왜란 당시 경상좌도 지역의 전투 상황과 백성들의 실상을 알 수 있는 자료이다. 그리고 『산천서원이건사적山泉書院移建事蹟』은 1786년 영주시 가흥1동에 건립한 산천서원의 역사와 이건 사실을 기록한 책이다. 또 『양선생언경촬요兩先生言經撮要』는 성암惺庵 박종후朴宗垕(1792–1864)가 『주자대전朱子大全』과 『퇴계선생문집退溪先生文集』 가운데 경經에 관한 중요한 내용을 발췌하여 정재定齋 류치명柳致明(1777-1861)의 질정質正을 받아 편찬한 책이다. 이 책은 1910년 박종후의 종손 박제도朴齊燾에 의하여 간행되었으며 간행 당시 박종후의 초본에 주희의 「경재잠敬齋箴」과 이황의 「병명屛銘」을 첨가하였다. 그리고 『성리유선性理類選』은 소고 박승임이 편찬한 성리학 관련 저술로 목판본 10권 5책이다. 저자의 후손인 박승진 등이 1912년 이후에 편집하여 간행하였다.

그리고 18세기 실학자들의 문집과 시문집들이 보관되어 있었는데 바로 같은 집안인 연암燕巖 박지원朴趾源(1737-1805)의 『열하일기熱河日記』가 있었다. 또 청장관靑莊館 이덕무李德懋(1741-1793)와 영재泠齋 유득공柳得恭(1749-1807)과 강산薑山 이서구李書九(1754-1825)와 초정楚亭 박제가朴齊家(1750-1805) 등의 시 400여 수를 유득공의 숙부인 유금柳琴이 선정하여 편집한 필사본인 『한객건연집韓客巾衍集』이 있다. 그리고 『유락시선酉洛詩選』은 유산酉山 정학연丁學淵(1783-1859)과 낙하생洛下生 이학규李學逵(1770-1835)의 시를 함께 모아 놓은 시집인데 이 책 역시 보관되어 있었다.

고문서의 경우를 살펴보면, 상소上疏는 유생儒生이 임금에게 올리는 문서로 1점이 있다. 소지所志는 일반 백성들이 억울하거나 원통한 자기의 사정을 해결하기 위하여 원님이나 관청에 호소하며 올리는 문건으로 3점이 있는데, 영천榮川 화민化民 박명중朴明中이 예안성주禮安城主에게 올린 산송山訟 관련 소지가 있다. 호적戶籍은 영천군榮川郡에서 작성한 준호구准戶口 5점이 있다. 자문尺文은 특정 사실을 상호 증명하기 위하여 작성한 것으로 2점이 있는데,

이것은 보증서나 증명서, 영수증의 역할을 하는 문건이다. 명문明文은 물건을 매매하고 이를 증빙하기 위하여 작성한 문서로 계약서와 전답매매문기田畓賣買文記를 포함하여 13점이 있다. 그다음에 분재기分財記로 2점이 있다. 또 친척이나 스승, 친구, 관료 등 사인私人 사이에 주고받은 편지인 간찰簡札이 419점 있는데, 이것은 고문서 751점 가운데 가장 많은 분량을 차지한다. 그리고 고목告目은 각사各司의 서리胥吏나 향리鄕吏 등 하급 관리가 상관에게 공적인 일을 알리거나 문안問安할 때 올리는 간단한 문서로 2점이 있다. 통문通文은 서원, 향교, 문중, 기관 및 단체가 개인에게 보내는 통지문通知文으로 모두 11점이 있는데, 사육신死六臣인 단계丹溪 하위지河緯地(1412~1456) 선생의 명예 회복과 복직을 주장하면서 성균관 유생들에게 보낸 통문이 있다. 그다음으로 산야와 전답의 규모와 대략을 측량해서 도면으로 작성한 양안量案이 3점 있다. 족보族譜는 씨족의 세계世系를 기록한 것으로 3점이 있다. 치부기置簿記는 물품이나 금전의 출납을 기록한 문서로 5점이 있는데 물품과 금전을 사용한 내역이라는 의미에서 '용하기用下記'라고도 한다. 또 어떤 직책에 합당한 인물을 천거薦擧 또는 위촉委囑하는 문서인 망기望記가 5점 있는데, 그중에 도산서원陶山書院 이중욱李中旭이 1928년 6월 24일 상유사上有司로 천망薦望된 진사 박승진朴勝振에게 발급한 망기가 있다. 그다음으로 물품이나 특정 사례를 기록한 문건인 물목物目이 2점 있고, 대소과大小科에 응시한 사람의 답안지인 시권試券이 4점 있다.

그리고 각종 모임이나 건물에 대하여 지은 한시와 산문 등의 문예작품인 시문詩文이 104점 있다. 또한 죽은 사람을 떠나보내는 심정을 적은 글인 만사輓詞가 32점 있고, 죽은 사람을 애도하여 지은 글인 제문祭文이 84점 있다. 다음으로 한 인물의 일생을 요약한 글인 행장行狀이 29점 있는데, 특히 청하聽荷 박승진朴勝振이 1929년 3월에 자신의 일생을 기록한 자명自銘은 중요한 자료라고 하겠다. 그리고 계원이나 모임에서 구성원의 성명, 생년, 자호, 출신지 등을 표기하는 문서인 좌목座目이 4점 있고, 묘갈명과 문집 서문, 방문자의 명단 등을 모아 책으로 엮는 성책成冊이 14점 있다. 그중 『청하집목록聽荷集目錄』은 박승진의 문집인 『청하집聽荷集』의 목록을 필사해 놓은 것이다.

목판과 서화 분야에서 먼저 목판을 보면 박승임, 육우당六友堂 박회무朴檜茂(1575–1666), 삼락당三樂堂 박종무朴樅茂(1582–1664), 금남錦南 박규양朴奎陽(1840–1903), 병옹病翁 신필정申弼貞(1656–1729)의 문집과 저술 등을 새긴 유교책판 9종 694장이 있다. 그중 『소고선생문집嘯皐先生文集』의 책판 50장이 있고 『소고선생문집속집嘯皐先生文集續集』 목판 47장이 남아 있다. 그리고 『소고선생문집부록嘯皐先生文集附錄』 목판 22장이 있고, 『소고선생연보嘯皐先生年譜』 목판 6장과 『소고선생문인록嘯皐先生門人錄』 목판 10장도 아울러 남아 있다. 또 소고 박승임이 편찬한 성리학 관련 저술인 『성리유선性理類選』의 목판 201장이 있고, 박회무와 박종무의 문집인 『육삼연고六三聯稿』 목판 20장이 있으며, 박규양의 시문집인 『금남문집錦南文集』 20장이 있고, 신필정의 저작인 『훈몽역의訓蒙易義』 목판 242장이 있다. 『훈몽역의』 부록에 수록된 『병옹장갈病翁狀碣』은 해좌海左 정범조丁範祖(1723-1801)가 신필정의 일생을 기록한 묘갈명인데 목판 7장으로 되어 있다.

현판은 육우당과 하한정에 걸려 있던 현판 12종 12점이 있다. 하한정의 현판 글씨는 석봉石峯 한호韓濩(1543-1605)가 쓴 글씨로 영주시 문정리 한정 마을에 있는 정자에 걸려 있다. 정자 이름인 '하한夏寒'은 정자 앞으로 서천西川이 흘러가는데 한여름인데도 덥지 않고 시원하다는 의미를 가져왔다고 하겠다. 그런데 이 편액扁額은 아마도 취수헌醉睡軒 박녹朴漉(1542-1632)이 한석봉에게 직접 받은 것으로 알려져 있어서 박녹과 한호의 돈독한 교분을 짐작할 수 있겠다. 또 하한정에는 박녹이 지은 시판이 1장 걸려 있다. 그 시판의 내용은 아래와 같다.

세상과 동떨어져 사는 신세　　身世相忘外
산수 속에서 반쯤 취하였네.　　溪山半醉中
잠에서 깨어나도 할 일이 없어　　睡餘無一事
정자 바람 속에서 높이 누웠네.　　高枕草亭風

그리고 사학초史學初가 1598년 하한정 주변의 경관에 대하여 읊은 오언절구 10수가 새겨져 있는 「하한정십경夏寒亭十景」이 있고, 이 외에도 창석蒼石 이준李埈(1560-1635)이 1632년 하한정 주변의 경관에 대하여 읊은 오언절구 8수가 새겨져 있는 「하한정팔경

취수헌 박녹이 지은 하한정

夏寒亭八景」도 있다.

마지막으로 특이하게도 서화書畫 6종 6점이 있다. 서화로는 먼저 기유년에 생원과 진사시에 입격한 사람들이 계회를 열었던 것을 그림으로 그린 「기유연방계회지도己酉蓮榜契會之圖」가 있다. 다음으로 1624년 8월에 참석한 회원들의 관직, 성명, 자, 호, 본관과 부친의 관직과 성명을 기록해 놓은 것이 있는데, 이 가운데 영주 학자들은 삼락당三樂堂 박종무朴樅茂, 심곡深谷 김경조金慶祖(1583-1645), 휴계休溪 권점權點(1568-1640) 등이 있다. 또 1637년 7월에는 망와忘窩 김영조金榮祖(1577-1648), 휴계休溪 권점權點, 육우당六友堂 박회무朴檜茂, 삼락당三樂堂 박종무朴樅茂 등이 계회를 열고 이를 그림으로 그렸다. 당시에 참석한 회원들의 관직, 성명, 자, 호, 출생, 본관 등을 기록해 두었다. 이 외에도 율곡栗谷 이이李珥(1536-1584)의 『성학집요聖學輯要』 권8 제5절 「성현도통聖賢道統」 부분을 일목요연하게 도식화한 『성학전수도聖學傳授圖』가 있고 『대학大學』의 이념이 실제로 실현된 자취를 도통이란 줄기를 통해 그 맥락을 설명한 「성현도통聖賢道統」도 있다.

또 소고 종중에서 2006년 영주시 시립박물관인 소수박물관紹修博物館에 기탁寄託한 유물 자료가 대략 200여 점에 달하고 있다. 이 가운데 2009년 소수박물관에서 도록圖錄으로 편찬한 『대代를 잇는 선비정신, 영주榮州 소고가嘯皐家 사람들』이란 책에서는 이를 엄선嚴選하여 190여 점을 소개하고 있다. 이것을 크게 고서류와 고문서류로 나누면 고서가 110여 점, 고문서가 80여 점이다. 이제 이 두 부류에 속하는 유물을 아주 자세하지는 않지만, 그 내용을 아래와 같이 살펴보고자 한다.

먼저 고서古書가 110여 점으로 많은 숫자는 아니지만 몇 가지 특징적인 면이 있다. 첫째는 임진왜란壬辰倭亂 이전, 즉 16세기 자료가 다수를 차지한다는 점이다. 특히 상당수의 고서는 16세기 을해자乙亥字, 초조갑인자初雕甲寅字 등으로 간행된 활자본이라는 것이다.

두 번째 방목류榜目類가 많다는 사실이다. 방목榜目이란 과거 합격자들의 명부名簿를 국가에서 정리하여 편찬한 책인데 여기에는 생원시와 진사시, 즉 사마시司馬試에 입격한 사람들이나 문무과에 합격한 사람들의 자와 본관, 거주지, 부친의 이름을 적어 놓았다. 그런데 소고가의 방목에는 고려 말 이후 또는 조선 전기의 대소과 급제자를 수록한 『선대방목先代榜目』과 『역년용방歷年龍榜』, 그리고 1531년·1549년·1705년·1750년 등 모두 7책이 전해오고 있다. 그리고 소고가 직접 편집, 저술한 『성리유선性理類選』, 『강목심법綱目心法』을 포함하여 『퇴계집退溪集』, 『성학십도聖學十圖』, 『역학계몽易學啓蒙』 등도 있다.

그리고 고문서류는 80여 점에 달한다. 고문서 가운데 교령류敎令類가 18점, 대책문對策文을 포함한 시권試券이 20점, 호구戶口자료가 22점, 분재기分財記가 4점, 제문祭文이 4점, 묘비문자墓碑文字 3점, 혼서婚書 3점, 상소上疏 1점, 기려도騎驢圖 6점, 백월서운탑비白月棲雲塔碑를 탁본한 비문탁본碑文拓本 1점 등이 있다.

이를 좀 더 자세히 살펴보면 교령류의 경우 16세기 것이 10점, 17세기 것이 7점, 18세기 것이 1점이다. 인물로는 박승임朴承任이 9건, 아들 박녹朴漉이 2건, 손자 박종무朴樅茂가 5건, 박문엽朴文曄과 박정렬朴鼎烈이 각각 1건이다. 다음으로 시권은 20점인데 인물로는 박종무朴樅茂 2건, 박문봉朴文鳳 1건, 박문엽朴文曄이 4건, 박희맹朴希孟 1건, 박정렬朴鼎烈 1건, 박세양朴世陽 1건, 박일양朴馹陽 2건, 확인이 어려운 것 6건, 대책문對策文 초안 2건 등이다. 호구戶口자료는 22점인데 주로 19세기 2점, 18세기 5점이 포함되어 있다. 분재기分財記는 4점인데 3점은 17세기, 1점은 18세기의 것이다.

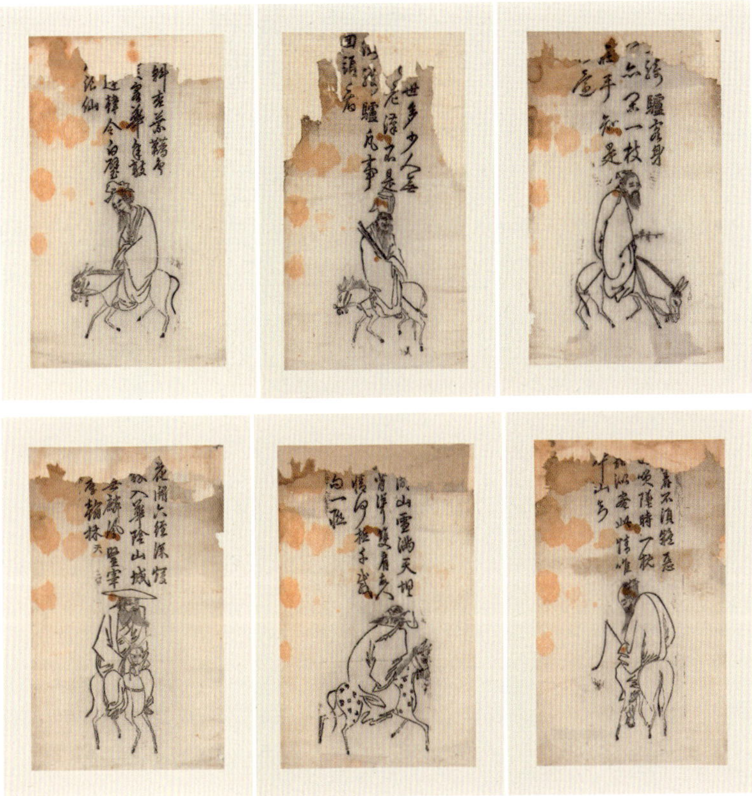

소고종가의 기려도 6점(소수박물관 제공)

제문祭文은 홍사효洪思孝·이주호李冑鎬·김기진金基鎭·김태진金泰鎭과 박승묵朴勝默의 4점으로, 모두 병진년인 1916년 박세양朴世陽(1860–1902)의 아내이자 삼락당三樂堂 박종무朴縱茂의 9대 종부인 남양홍씨의 종상일終祥日 하루 전 저녁에 지낸 제사에 쓴 제문이다. 기려도騎驢圖는 모두 6점인데 화선지 아래 부분에 나귀를 타고 가는 인물을 먹으로 그리고 그 윗부분에 그림 속의 인물에 대한 평을 오언절구 혹은 칠언절구로 제시한 것을 새겨서 찍은 판화이다. 6점 모두 배경은 없고 나귀와 인물이 전부이다. 사람과 나귀를 새긴 솜씨로 보아 얼마든지 배경도 새길 수 있는 능력은 되는데 과감하게 배경을 생략한 것은 사람과 나귀를 강조하려고 한 것이 아닌가 추측해 본다.

2 소고종가의 봉행 제례

소고종가의 봉행 제례는 바로 소고종가에서 매년 지내는 불천위不遷位 제사가 그 핵심이 되겠다. 그런데 소고종가의 불천위 제사는 국불천위國不遷位는 아닌 듯하고 아마 향불천위鄕不遷位인 듯하다. 그리고 묘소에서 지내는 묘제墓祭도 중요한 봉행 제례이기 때문에 아울러 살펴보기로 한다.

소고종가에서는 매년 음력 정월 초6일에 사당과 종택 곁에 있는 육우당六友堂에서 불천위 제사를 받들고 있다. 많은 종원宗員들이 제사 날짜를 기억하고는 특별히 초청을 하지 않아도 자발적으로 제관祭官으로 참여하여 각기 집사분정執事分定에서 정한 바에 따라 맡은 역할을 수행하며 제사를 받들고 있다.

묘소에서 지내는 시제는 매년 음력 9월 25일에 제향을 하고 있다. 이때에도 불천위 제향 때처럼 많은 종원宗員들이 제관祭官으로 참여하여 각기 집사분정執事分定에서 정한 바에 따라 맡은 역할을 수행하며 제사를 받들고 있다.

먼저 불천위 제사에 사용하는 홀기笏記, 출주축出主祝, 축문祝文, 제품祭品의 내용은 다음과 같다.

홀기란 요즈음 말로 하면 행사 진행 순서를 담은 프로그램이다. 간단한 행사야 이러한 홀기가 필요 없겠지만 다소 복잡한 의식을 엄숙하게 진행해야 할 경우에는 순서의 혼란을 방지하고 의식 참여자들에게 절제된 행동을 원만하게 수행할 수 있도록 의식의 순서를 일목요연하게 정리한 문건이 필요하다. 바로 이런 문건을 우리 조상들은 홀기라는 이름으로 불렀다.

대체로 홀기는 지역마다, 학파마다, 문중마다 약간의 차이를 보이고 있지만 대동소이大同小異하다. 거시적으로 보면 유사하지만, 미시적으로 보면 의식을 바라보는 관점의 차이, 의식의 본질에 대한 인식의 차이, 다른 지역이나 학파·문중이 자신들과는 다르다는 차별성 등이 작용하여, 홀기의 내용과 순서는 다소 차이를 보인다. 소고종가에서 불천위 향사享祀를 올릴 때 사용한 홀기의 내용을 보면 소고 문중만의 차이를 볼 수 있는 부분이 있는데, 다음에 그 홀기를 소개한다.

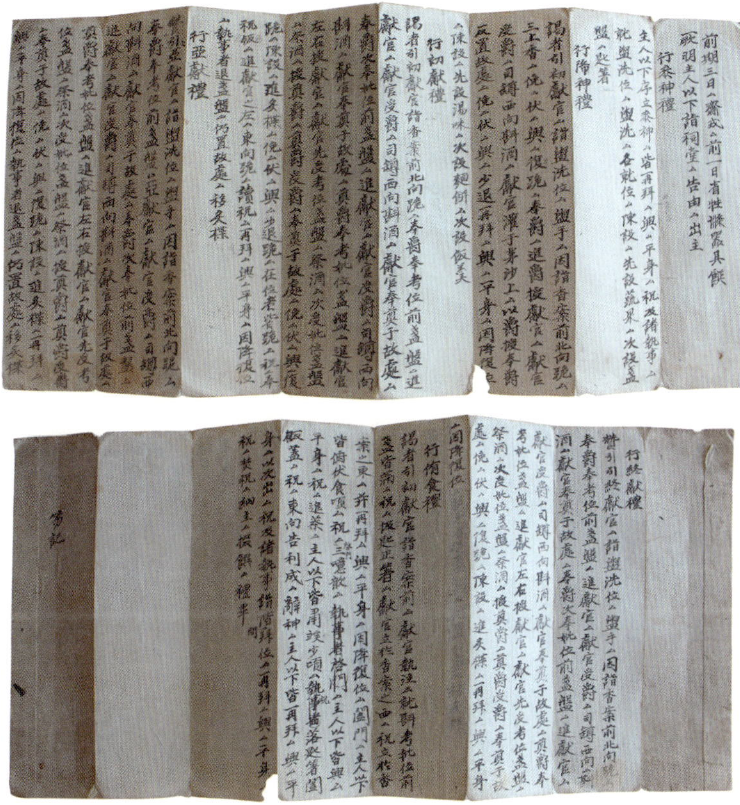

불천위 제사 홀기

불천위제례홀기不遷位祭禮笏記

전기삼일前期三日◯**재계**齋戒◯**전일일성생척기구찬**前一日省牲滌器具饌◯**궐명주인이하예사당**厥明主人以下詣祠堂◯**고유**告由◯**출주**出主

제사 3일 전에◯재계를 하고◯하루 전에 희생을 살피고 제기를 세척하며 제찬을 구비한다.◯날이 밝기 전에 주인 이하 제사에 참여한 사람들이 사당에 나아간다.◯사유를 고한다.◯신주를 내어 온다.

참신례는 사당에서 신주를 모셔 와서 제상에다 모셔 놓고 그 신주 앞에서 절을 하는 의례로 보통 강신례 앞에 한다.

행참신례行叅神禮

참신례를 행한다.

주인이하서립참신主人以下序立叅神◯개재배皆再拜◯흥興◯평신平身◯축급제집사祝及諸執事◯취관세위就盥洗位◯관세盥洗◯각취위各就位◯진설陳設◯선설소과先設蔬果◯차설잔반次設盞盤◯시저匙箸

주인 이하 제사에 참여한 사람들은 차례로 서서 참신하시오.◯모두 두 번 절하시오.◯일어나시오.◯몸을 곧게 펴시오.◯축과 여러 집사들은◯손을 씻는 자리로 나아가시오.◯손을 씻으시오.◯각각 제 자리로 나아가시오.◯진설은◯먼저 채소와 과일을 진설하시오.◯다음으로 술잔과 잔대를 진설하시오.◯숟가락과 수저를 진설하시오.

강신례는 참신례를 하고 난 후에 강림하는 신을 맞이하는 예절이다.

행강신례行降神禮

강신례를 행한다.

알자인초헌관謁者引初獻官◯예관세위詣盥洗位◯관수盥手◯인예향안전북향궤因詣香案前北向跪◯삼상향三上香◯면俛◯복伏◯흥興◯부궤復跪◯봉작奉爵◯진작수헌관進爵授獻官◯헌관수작獻官受爵◯사준서향짐주司罇西向斟酒◯헌관관우모사상獻官灌于茅沙上◯이작수봉작반치고처以爵授奉爵反置故處◯면俛◯복伏◯흥興◯소퇴재배少退再拜◯흥興◯평신平身◯인강복위因降復位◯진설陳設◯선설탕미先設湯味◯차설면병次設麪餠◯차설반갱次設飯羹

알자는 초헌관을 인도하시오.◯손을 씻는 자리로 나아가시오.◯손을 씻으시오.◯그대로 향이 놓인 상 앞에 나아가 북쪽을 향해 꿇어앉으시오.◯세 번 향을 올리시오.◯허리를 구부리시오.◯엎드리시오.◯일어나시오.◯다시 꿇어앉으시오.◯봉작은◯술잔을 헌관에게 주시오.◯헌관은 술잔을 받으시오.◯사준은 서쪽을 향하여 술잔에 술을 따르시오.◯헌관은 모사 그릇에 술을 부으시오.◯술잔을 봉작에게 주어 원래 자리로 되돌려 놓으시오.◯허리를구부리시오.◯엎드리시오.◯일어나시오.◯조금 물러나 두 번 절하시오.◯일어나시오.◯몸을 곧게 펴시오.◯그대로 내려와 원래 자리로 돌아가시오.◯진설은◯먼저 탕과 육미를 진설하시오.◯다음으로 국수와 떡을 진설하시오.◯다음으로 밥과 국을 진설하시오.

초헌례는 강신례를 한 후에 처음으로 신에게 술을 바치는 예절이다. 그리고 제주祭酒는 여기에서 명사가 아니라 동사로 쓰여서 술을 술잔에 조금 따르는 것을 말한다.

행초헌례行初獻禮

초헌례를 행한다.

알자인초헌관예향안전북향궤謁者引初獻官詣香案前北向跪◯봉작봉고위전잔반奉爵奉考位前盞盤◯진헌관進獻官◯헌관수작獻官受爵◯사준서향짐주司罇西向斟酒◯헌관봉전우고처獻官奉奠于故處◯봉작차봉비위전잔반奉爵次奉妣位前盞盤◯진헌관進獻官◯헌관수작獻官受爵◯사준서향짐주司罇西向斟酒◯헌관봉전우고처獻官奉奠于故處◯전작봉고위잔반奠爵奉考位盞盤◯진헌관좌우수헌관進獻官左右授獻官◯헌관선수고위잔반獻官先受考位盞盤◯제주祭酒◯차수비위잔반次受妣位盞盤◯제주祭酒◯수전작授奠爵◯전작수작奠爵受爵◯봉전우고처奉奠于故處◯면俛◯복伏◯흥興◯부궤復跪◯진설陳設◯진적접進炙楪◯면俛◯복伏◯흥興◯소퇴궤少退跪◯재위자개궤在位者皆跪◯축祝◯봉축판奉祝版◯진헌관지좌進獻官之左◯동향궤東向跪◯독축讀祝◯재배再拜◯흥興◯평신平身◯인강복위因降復位◯집사자퇴잔반執事者退盞盤◯잉치고처仍置故處◯이적접移炙楪

알자는 초헌관을 인도하여 향이 놓여 있는 상 앞으로 나아가서 북쪽을 향해 무릎을 꿇으시오.◯봉작은 고위의 앞에 놓인 술잔과 잔대를 받드시오.◯헌관에게 드리시오.◯헌관은 술잔을 받으시오.◯사준은 서쪽을 향하여 술잔에 술을 치시오.◯헌관은 술잔을 원래 자리로 받들어 올리시오.◯봉작은 다음으로 비위 앞에 놓인 술잔과 잔대를 받으시오.◯헌관에게 드리시오.◯헌관은 술잔을 받으시오.◯사준은 서쪽을 향하여 술잔에 술을 따르시오.◯헌관은 술잔을 받들어 원래 자리로 받들어 올리시오.◯봉작은 고위의 술잔과 잔대를 받드시오.◯헌관의 왼쪽과 오른쪽으로 나아가서 헌관에게 주시오.◯헌관은 먼저 고위의 술잔과 잔대를 받으시오.◯제주하시오.◯다음으로 비위의 술잔과 잔대를 받으시오.◯제주하시오.◯전작에게 주시오.◯전작은 술잔을 받으시오.◯원래 자리로 술잔을 받들어 올리시오.◯허리를 구부리시오.◯엎드리시오.◯일어나시오.◯다시 꿇어앉으시오.◯진설은◯적 접시를 올려놓으시오.◯허리를 구부리시오.◯엎드리시오.◯일어나시오.◯조금 물러나 꿇어앉으시오.◯자리에 있는 사람들은 모두 꿇어앉으시오.◯축은◯축판을 받드시오.◯헌관의 왼쪽에 나아가시오.◯동쪽을 향하여 꿇어앉으시오.◯축문을 읽으시오.◯두 번 절하시오.◯일어나시오.◯몸을 곧게 펴시오.◯그대로 내려와 원래 자리로 돌아가시오.◯집사는 술잔과 잔대를 물리시오.◯그대로 원래 자리로 가져다 놓으시오.◯적 접시를 옮기시오.

아헌례는 초헌례를 하고 난 후에 두 번째로 신에게 술을 바치는 예절이다.

행아헌례行亞獻禮

아헌례를 행한다.

찬인인아헌관贊引引亞獻官◯예관세위詣盥洗位◯관수盥手◯인예향안전북향궤因詣香案前北向跪◯봉작봉고위전잔반奉爵奉考位前盞盤◯아헌관亞獻官◯헌관수작獻官受爵◯사준서향짐주司罇西向斟酒◯헌관봉전우고처獻官奉奠于故處◯봉작차봉비위전잔반奉爵次奉妣位前盞盤◯진헌관進獻官◯헌관수작獻官受爵◯사준서향짐주司罇西向斟酒◯헌관봉전우고처獻官奉奠于故處◯전작봉고위잔반奠爵奉考位盞盤◯진헌관좌우수헌관進獻官左右授獻官◯헌관선수고위잔반獻官先受考位盞盤◯제주祭酒◯차수비위잔반次受妣位盞盤◯제주祭酒◯수전작

授奠爵◯전작수작奠爵受爵◯봉전우고처奉奠于故處◯면俛◯복伏◯흥興◯부궤復跪◯진설陳設◯진적접進炙楪◯재배再拜◯흥興◯평신平身◯인강복위因降復位◯집사자퇴잔반執事者退盞盤◯잉치고처仍置故處◯이적접移炙楪

찬인은 아헌관을 인도하시오.◯손을 씻는 자리로 나아가시오.◯손을 씻으시오.◯그대로 향이 놓인 상으로 나아가 북쪽을 향하여 꿇어앉으시오.◯봉작은 고위 앞 술잔과 잔대를 받드시오.◯아헌관은◯헌관은 술잔을 받으시오.◯사준은 서쪽을 향하여 술잔에 술을 치시오.◯헌관은 술잔을 원래 자리로 받들어 올리시오.◯봉작은 다음으로 비위 앞 술잔과 잔대를 받드시오.◯헌관에게 드리시오.◯헌관은 술잔을 받으시오.◯사준은 서쪽을 향하여 술잔에 술을 따르시오.◯헌관은 술잔을 원래 자리로 받들어 올리시오.◯전작은 고위의 술잔과 잔대를 받드시오.◯헌관의 좌우로 나아가 헌관에게 주시오.◯헌관은 먼저 고위의 술잔과 잔대를 받으시오.◯제주하시오.◯다음으로 비위의 술잔과 잔대를 받으시오.◯제주하시오.◯전작에게 주시오.◯전작은 술잔을 받으시오.◯원래 자리로 술잔을 받들어 올리시오.◯구부리시오.◯엎드리시오.◯일어나시오.◯다시 꿇어앉으시오.◯진설은◯적 접시를 올리시오.◯두 번 절하시오.◯일어나시오.◯몸을 곧게 펴시오.◯그대로 내려와 원래 자리로 돌아가시오.◯집사는 술잔과 잔대를 물리시오.◯그대로 원래 자리로 가져다 놓으시오.◯적 접시를 옮기시오.

종헌례는 아헌례를 하고 난 후에 마지막 세 번째로 신에게 술을 바치는 예절이다.

행종헌례行終獻禮

종헌례를 행한다.

찬인인종헌관贊引引終獻官◯예관세위詣盥洗位◯관수盥手◯인예향안전북향궤因詣香案前北向跪◯봉작봉고위전잔반奉爵奉考位前盞盤◯진헌관進獻官◯헌관수작獻官受爵◯사준서향司罇西向◯집주斟酒◯헌관봉전우고처獻官奉奠于故處◯봉작차봉비위전잔반奉爵次奉妣位前盞盤◯진헌관進獻官◯헌관수작獻官受爵◯사준서향집주司罇西向斟酒◯헌관봉전우고처獻官奉奠于故處◯

전작봉고비위전잔반奠爵奉考妣位盞盤○진헌관좌우수헌관進獻官左右授獻官○헌관선수고위잔반獻官先受考位盞盤○좨주祭酒○차수비위잔반次受妣位盞盤○좨주祭酒○수전작授奠爵○전작수작奠爵受爵○봉전우고처奉奠于故處○면俛○복伏○흥興○부궤復跪○진설陳設○진적접進炙楪○재배再拜○흥興○평신平身○인강복위因降復位

찬인은 종헌관을 인도하시오.○손을 씻는 자리로 나아가시오.○손을 씻으시오.○그대로 향이 놓인 상에 나아가 북쪽을 향하여 꿇어앉으시오.○봉작은 고위 앞 술잔과 잔대를 받드시오.○헌관에게 나아가시오.○헌관은 술잔을 받으시오.○사준은 서쪽을 향하시오.○술잔에 술을 따르시오.○헌관은 술잔을 원래 자리로 받들어 올리시오.○봉작은 다음으로 비위 앞 술잔과 잔대를 받드시오.○헌관에게 드리시오.○헌관은 술잔을 받으시오.○사준은 서쪽을 향하여 술잔에 술을 치시오.○헌관은 술잔을 원래 자리로 받들어 올리시오.○전작은 고위와 비위의 술잔과 잔대를 받드시오.○헌관의 좌우로 나아가 헌관에게 주시오.○헌관은 먼저 고위의 술잔과 잔대를 받으시오.○제주하시오.○다음으로 비위의 술잔과 잔대를 받으시오.○제주하시오.○전작에게 주시오.○전작은 술잔을 받으시오.○원래 자리로 술잔을 받들어 올리시오.○구부리시오.○엎드리시오.○일어나시오.○다시 꿇어앉으시오.○진설은○적 접시를 올리시오.○두 번 절하시오.○일어나시오.○몸을 곧게 펴시오.○그대로 내려와 원래 자리로 돌아가시오.

유식례는 종헌례를 하고 난 후에 신에게 음식을 들기를 권유하는 예절이다. 그리고 고이성告利成은 이성利成을 고한다는 뜻으로, 귀신의 대행자인 시동尸童에게 제사가 다 끝났다고 알리는 것이다. 이利는 양養의 뜻이고, 성成은 필畢의 뜻으로, 공양하는 예가 다 이루어졌음을 의미한다. 시동尸童은 옛날에 제사 지낼 때 신위神位 대신 앉혀 두던 어린아이를 가리킨다. 『예기禮記』「곡례曲禮」에 "앉는 것은 시동처럼 하고, 서는 것은 재계할 때처럼 한다.[坐如尸 立如齊]"라고 하였다.

행유식례行侑食禮

유식례를 행한다.

알자인초헌관예향안전謁者引初獻官詣香案前◯헌관집주獻官執注◯취짐就斟◯고비위전잔개만考妣位前盞皆滿◯축祝◯삽시정저插匙正箸◯헌관입어향안지서獻官立於香案之西◯축입어향안지동祝立於香案之東◯병재배竝再拜◯흥興◯평신平身◯인강복위因降復位◯합문闔門◯주인이하개부복식경主人以下皆俯伏食頃◯축祝◯계문삼희흠啓門三噫歆◯주인이하개흥主人以下皆興◯평신平身◯축祝◯진다進茶◯주인이하개숙사소경主人以下皆肅竢少頃◯낙시저합잔개落匙箸闔飯蓋◯축祝◯동향고이성東向告利成◯사신辭神◯주인이하개재배主人以下皆再拜◯흥興◯평신平身◯이차출以次出◯축급제집사예계간배위祝及諸執事詣階間拜位◯재배再拜◯흥興◯평신平身◯축祝◯분축焚祝◯납주納主◯철찬撤饌◯예필禮畢

알자는 초헌관을 인도하여 향이 놓인 상 앞으로 나아가시오.◯헌관은 주전자를 잡으시오.◯나아가 술을 따르시오.◯고위와 비위 앞에 놓인 술잔을 모두 가득 부으시오.◯축은◯숟가락을 밥에 꽂고 젓가락을 바르게 하시오.◯헌관은 향이 놓인 상의 서쪽에 서시오.◯축은 향이 놓인 상의 동쪽에 서시오.◯아울러 두 번 절하시오.◯일어나시오.◯몸을 곧게 펴시오.◯그대로 내려와 원래 자리로 돌아가시오.◯문을 닫으시오.◯주인 이하 제사에 참여한 모든 사람들은 밥을 드실 시간 동안 엎드리시오.◯축은◯문을 열고 세 번 헛기침을 하시오.◯주인 이하 제사에 참여한 사람들은 모두 일어나시오.◯몸을 곧게 펴시오.◯축은◯물을 올리시오.◯주인 이하 제사에 참여한 사람들은 엄숙하게 조금 기다리시오.◯숟가락과 젓가락을 내리고 밥 뚜껑을 닫으시오.◯축은◯동쪽을 향하여 이성을 고하시오.◯신주를 하직하시오.◯주인 이하 제사에 참여한 사람들은 모두 두 번 절하시오.◯일어나시오.◯몸을 곧게 펴시오.◯차례로 나가시오.◯축과 여러 집사들은 섬돌 사이 절하는 자리로 나아가시오.◯두 번 절하시오.◯일어나시오.◯몸을 곧게 펴시오.◯축은◯축문을 불사르시오.◯신주를 감실에 들이시오.◯제찬을 철거하시오.◯예를 마치시오.

그리고 불천위不遷位 제사를 지낼 때 먼저 사당에서 신주神主

를 제청祭廳에 모셔 올 때 고하는 출주축出主祝이 있다. 사당에 계신 조상의 신위를 막무가내로 모셔 와서는 안 된다. 이것은 마치 살아 있는 사람에게 하는 예의와 똑같다. 부모님에게 어떤 사유를 말하지도 않고 무작정 어디로 가자고 하는 것은 예의에 매우 어긋나는 행동이다. 반드시 먼저 사유를 고하고 허락을 얻은 후에 행동에 나서는 것이 예의이고 순리이다. 사당에 계시는 조상의 신주 역시 마찬가지이다. 그래서 반드시 먼저 그 사유를 말씀드린 다음 행동에 나서야 한다. 따라서 소고 문중에서도 출주축이 당연히 있다. 다음에 그 내용을 소개한다.

불천위 제향 시 출주한 소고 위패(한국국학진흥원 제공)

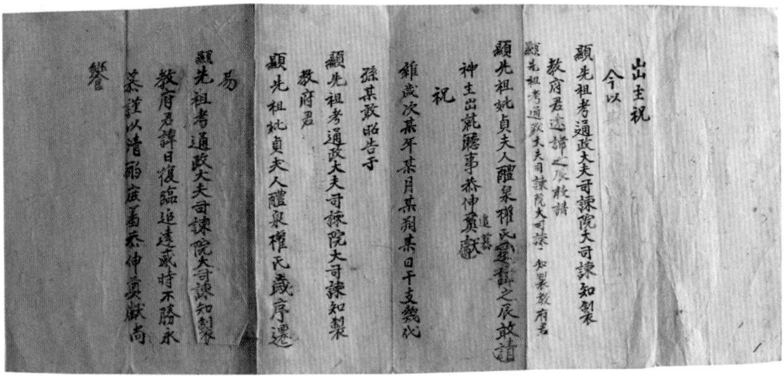
出主祝
今以
顯先祖考通政大夫司諫院大司諫知製
教府君遠諱之辰敢請
顯先祖考通政大夫司諫院大司諫知製教府君
顯先祖妣貞夫人醴泉權氏遠諱之辰敢請
神主出就廳事恭伸追慕
祝
維歲次某年某月某朔某日干支孝玄
孫某敢昭告于
顯先祖考通政大夫司諫院大司諫知製
教府君
顯先祖妣貞夫人醴泉權氏歲序遷
易
顯先祖考通政大夫司諫院大司諫知製
教府君諱日復臨追遠感時不勝永
慕謹以清酌庶羞恭伸奠獻尚
饗

불천위 제향 시 위패를 내어오는 출주축 및 축문

축식祝式

출주축出主祝

금이今以 현선조고통정대부사간원대사간지제교부군顯先祖考通政大夫司諫院大司諫知製教府君 원휘지신遠諱之辰 감청敢請 현선조비정부인예천권씨顯先祖妣貞夫人醴泉權氏 신주神主 출취청사出就廳事 공신추모恭伸追慕

지금 현선조고 통정대부 사간원 대사간 지제교 부군의 먼 기일의 시기에 감히 현선조고 통정대부 사간원 대사간 지제교 부군과 현선조비 정부인 예천권씨의 신주가 청사로 나오기를 요청하오니 공손히 추모를 펼치나이다.

그리고 불천위 향사를 진행할 때 초헌관이 초헌을 하고 축관이 독축을 한다. 축문의 내용도 형편에 따라 조금씩의 차이는 있을 수 있으나 대동소이하다. 소고 문중에서 사용하는 축문은 다음과 같다.

축祝

유세차維歲次 모년모월모일간지某年某月某日干支 기대손모幾代孫某 감소고우현선조고통정대부사간원대사간지제교부군敢昭告于顯先祖考通政大夫司諫院大司諫知製敎府君 현선조비정부인예천권씨顯先祖妣貞夫人醴泉權氏 세서천역歲序遷易 현선조고통정대부사간원대사간지제교부군顯先祖考通政大夫司諫院大司諫知製敎府君 휘일부림諱日復臨 추원감시追遠感時 불승영모不勝永慕 근이청작서수謹以淸酌庶羞 공신전헌恭伸奠獻 상향尙饗

오직 해의 차례가 모년 모월 모일 간지에 몇 대손 아무개가 현선조고 통정대부 사간원 대사간 지제교 부군과 현선조비 정부인 예천권씨에게 감히 밝게 고하나이다. 해의 순서가 옮기고 바뀌었습니다. 현선조고 통정대부 사간원 대사간 지제교 부군의 기일이 다시 이르러 고인을 추모하고 시절에 감응하니 길이 사모함을 이기지 못하와 삼가 맑은 술과 여러 가지 제수로 공경히 전헌하오니 부디 흠향하소서.

그런데 한 가지 지적할 것은 요즈음 대부분의 문중에서 축문의 첫 시작에 '유세차維歲次'라는 구절을 사용하고 있다는 점이다. 사실 우리 옛날 예서禮書 어디를 보아도 이렇게 되어 있는 곳은 없다. 옛날 예서를 보면, '유維'자를 쓰고 줄을 바꿔서 한두 글자를 높여 '연호기년세차年號幾年歲次'라는 양식으로 시작한다. '유'와 '세차' 사이에 반드시 '연호年號'를 넣어야 한다. 60년마다 같은 갑자가 돌아오기 때문에 그냥 '유세차'라고만 하면 어느 연도에 해당하는지 분명하게 알 수가 없다. 물론 그 아래에 나오는 월건月建과 일진日辰을 보면 구분은 되겠지만 가장 손쉬운 구분 방법을 두고 굳이 애매모호한 방법을 쓸 이유는 전혀 없다.

과문한 탓인지는 모르겠으나 '유세차'를 쓰게 된 것은 그리 오래되지 않았다고 한다. 듣기로는 일제가 우리나라를 빼앗고 축문에 자기 연호를 사용하라고 강제하니 우리 선현들이 그것을 도저히 받아들일 수가 없어서 일제의 연호를 쓰는 대신에 우리 연호를 쓰는 자리에 아예 연호를 빼고 일종의 타협책으로 그냥 '유세차'라고 썼는데, 그 연유緣由를 제대로 알지 못하는 사람들이 이를 그대로 따라서 쓰다 보니 이렇게 된 것이라고 한다. 이제라도 이런 축문 양식에 있어서의 아픈 역사를 청산하고 본래의 취지에 맞게 써야 할 것이다.

다만 이제는 왕조 시대가 끝나서 더 이상 연호를 쓸 수가 없다. 따라서 차선책으로 일부 지역이나 문중에서 쓰는 방식 가운데 하나로 '유 단군기원기년세차維 檀君紀元幾年歲次'나 혹은 '유 대한민국기원기년세차維 大韓民國紀元幾年歲次'라고 쓰는 것이 어떨까 한다. 필자는 오래전부터 이 문제에 주목하여 축문을 쓸 때 방금 제시한 것처럼 쓰자고 강력하게 주장하고 있으나 아직은 관행을 버리고 본래의 양식을 회복하는 것이 쉽지 않음을 느낀다. 이제라도 우리 조상들이 쓰던 그 본래의 정신으로 돌아갈 필요가 있다고 생각한다.

그리고 소고종가에서는 불천위 제향에 사용하는 제수祭需에 대해서도 아예 '제수항식祭需恒式'이라고 정하여 자손들이 고민하지 않고 장만하도록 지침을 주고 있다. 이는 시대의 변화에 따라 장만하기 어려운 물품들이 있을 수 있음을 고려한 것이다. 현재 소고종가의 제품祭品들을 준비하는 데에 크게 어려움이 없을 것으로 보인다.

불천위 진설(한국국학진흥원 제공)

제품식祭品式

제수항식祭需恒式: 제수를 항상 장만해야 하는 법식

과종果種[오품五品] 조棗 율栗 이梨 시柹 호도胡桃[혹임자或林子] 소채蔬菜[오품五品] 미궐薇蕨 길경吉更 청근青根 청기青芹 청채青菜 적炙[삼품三品] 육적肉炙 어적魚炙 계적鷄炙 탕湯[오품五品] 육탕肉湯 어탕魚湯 계탕鷄湯 합탕蛤湯 소탕素湯 포脯[일품一品] 광어포일미廣魚脯一尾 초장醋醬[일품一品] 침채浸菜[일품一品] 좌반佐飯[일품一品] 석어이미石魚二尾 청주清酒 면麵 병餅 반飯 갱羹[육肉]

과일 종류[다섯 가지]	대추, 밤, 배, 감, 호두
채소[다섯 가지]	고사리, 도라지, 무, 미나리, 배추
적[세 가지]	고기적, 물고기적, 닭고기적
탕[다섯 가지]	고기탕, 물고기탕, 닭고기탕, 조개탕, 소탕(두부와 다시마만 썰어넣고 끓인 탕)

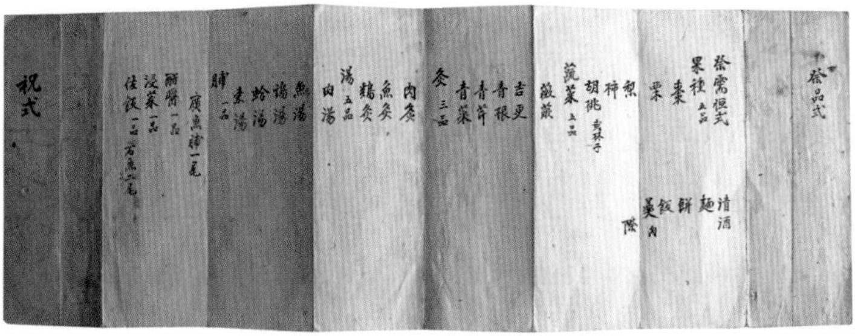

불천위 제향 시 마련하는 제수(제품식)

포[한 가지] 광어포 한 마리
초장[한 가지] 초장
침채[한 가지] 절인 채소(혹 김치)
좌반[한 가지] 조기 두 마리
청주, 국수, 떡, 메, 국(고깃국)

소고종가에서 불천위不遷位 제례祭禮를 올릴 때의 집사분정執事分定을 보면 다음과 같다.

불천위 제향 시 집사분정不遷位祭享時執事分定
초헌관初獻官: 처음 술잔을 바치는 사람
아헌관亞獻官: 두 번째로 술잔을 바치는 사람
종헌관終獻官: 마지막으로 술잔을 바치는 사람
축祝: 축문을 읽는 사람
집례執禮: 예식을 집행하는 사람
알자謁者: 초헌관을 인도하는 사람
찬인贊引: 아헌관과 종헌관을 인도하는 사람
봉향奉香 2인: 향을 받드는 사람

▲ 불천위 제향 시 집사분정(한국국학진흥원 제공)

▼ 참제 문중 인사(한국국학진흥원 제공)

봉로奉鑪 2인: 향로를 받드는 사람
사준司罇 2인: 술통을 맡은 사람
전작奠爵 2인: 술잔을 제상에 올리는 사람
봉작奉爵 2인: 술잔을 받드는 사람
진설陳設 2인: 제수를 나열하는 사람

다음으로 묘소에서 지내는 묘제墓祭의 경우에 사용된 홀기와 축문, 그리고 집사분정執事分定에 대해 간단히 살펴보기로 한다. 묘제를 올릴 때에 사용하는 홀기도 다른 지역이나 문중과 크게 다른 것은 없어 보인다. 물론 미세한 부분에서는 소고 문중만의 특징이 보이는 부분도 있다. 그리고 축문은 별다른 차이를 보이지 않고 집사 분정도 특별한 차별성을 보이지는 않는 것으로 생각된다. 다만, 보통 '사준司尊'이라고 쓰는데 소고 문중에서는 사준司罇'이라고 쓰고 있다. 드물기는 해도 다른 곳에서도 이렇게 쓰는 경우가 있기는 하다. 그리고 일반적으로 '봉로奉爐'라고 쓰는데 소고 문중에서는 '봉로奉鑪'라고 쓰고 있는 것이 특징이라고 하겠다. 그 자세한 내용을 소개한다.

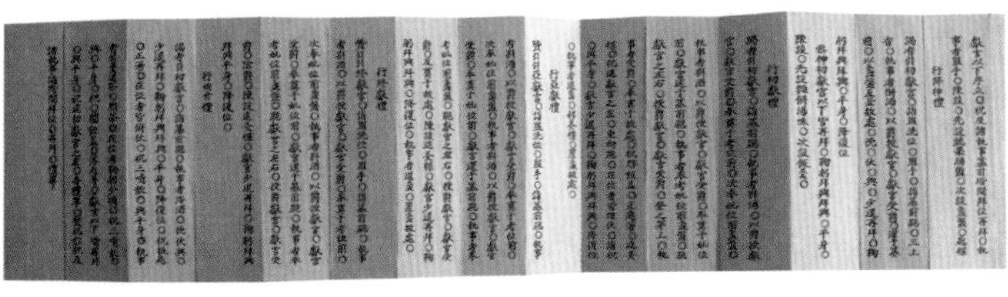

묘제 봉향 시 사용하는 홀기

묘제 시 홀기墓祭時笏記

헌관이하서립獻官以下序立◯축급제집사묘전계간배위재배祝及諸執事墓前堦間拜位再拜◯집사자관수執事者盥手◯진설陳設◯선설소과포혜先設蔬果脯醯◯차설잔반次設盞盤◯시접匙楪

헌관 이하 차례로 서시오.◯축과 여러 집사들은 묘소 앞 계단 사이 절하는 자리에서 두 번 절하시오.◯집사들은 손을 씻으시오.◯진설은◯먼저 채소와 과일과 포와 식혜를 진설하시오.◯다음으로 술잔과 잔대를 진설하시오.◯숟가락과 접시도 진설하시오.

행강신례行降神禮

알자인초헌관謁者引初獻官◯예관세위詣盥洗位◯관수盥手◯예묘전궤詣墓前跪◯삼상향三上香◯집사자짐주執事者斟酒◯이작수헌관以爵授獻官◯헌관수작獻官受爵◯관우묘전灌于墓前◯이잔반반치고처以盞盤反置故處◯면俛◯복伏◯흥興◯소퇴재배少退再拜◯국궁배흥배흥鞠躬拜興拜興◯평신平身◯강복위降復位

알자는 초헌관을 인도하시오.◯손을 씻는 자리로 나아가시오.◯손을 씻으시오.◯묘소 앞으로 나아가 꿇어앉으시오.◯세 번 향을 올리시오.◯집사는 술을 따르시오.◯술잔을 헌관에게 주시오.◯헌관은 술잔을 받으시오.◯묘소 앞에 부으시오.◯술잔과 잔대를 원래 자리로 되가져다 놓으시오.◯구부리시오.◯엎드리시오.◯일어나시오.◯조금 물러나서 두 번 절하시오.◯몸을 조금 숙이고 절하시오. 일어나시오. 절하시오. 일어나시오.◯몸을 곧게 펴시오.◯내려와 원래 자리로 돌아가시오.

참신叅神

초헌관이하개재배初獻官以下皆再拜◯국궁배흥배흥鞠躬拜興拜興◯평신平身◯진설陳設◯선설면병탕미先設麪餠湯味◯차설반갱次設飯羹

초헌관 이하 모두 두 번 절하시오.◯몸을 조금 숙이고 절하시오. 일어나시오. 절하시오. 일어나시오.◯몸을 곧게 펴시오.◯진설은◯먼저 국수와 떡과 탕과 육미를 진설하시오.◯다음으로 밥과 국을 진설하시오.

행초헌례行初獻禮

알자인초헌관謁者引初獻官◯예묘전궤詣墓前跪◯집사자짐주執事者斟酒◯이작수헌관以爵授獻官◯헌관수작獻官受爵◯봉전우고위전奉奠于考位前◯차봉비위전잔반次奉妣位前盞盤◯집사자짐주執事者斟酒◯이작수헌관以爵授獻官◯헌관수작獻官受爵◯봉전우비위전奉奠于妣位前◯헌관환우묘전궤獻官還于墓前跪◯집사자봉고비위전잔반執事者奉考妣位前盞盤◯궤헌관지좌우跪獻官之左右◯수작헌관授爵獻官◯헌관수작獻官受爵◯제지모상祭之茅上◯집사자수작執事者受爵◯봉전우고처奉奠于故處◯축계반개祝啓飯盖◯정시저正匙箸◯진적접進炙楪◯축진헌관지좌祝進獻官之左◯동향궤東向跪◯재위자개부복在位者皆俯伏◯독축讀祝◯흥평신興平身◯헌관소퇴재배獻官少退再拜◯국궁배흥배흥鞠躬拜興拜興◯강복위降復位◯집사자퇴잔執事者退盞◯이적접移炙楪◯치잔고처置盞故處

알자는 초헌관을 인도하시오.◯묘소 앞으로 나아가 꿇어앉으시오.◯집사는 술을 따르시오.◯술잔을 헌관에게 주시오.◯헌관은 술잔을 받으시오.◯고위 앞에 받들어 올리시오.◯다음으로 비위 앞의 술잔과 잔대를 받드시오.◯집사는 술을 따르시오.◯술잔을 헌관에게 주시오.◯헌관은 술잔을 받으시오.◯비위 앞에 받들어 올리시오.◯헌관은 묘소 앞으로 돌아와 꿇어앉으시오.◯집사는 고위와 비위 앞의 술잔과 잔대를 받드시오.◯헌관의 좌우로 꿇어앉으시오.◯술잔을 헌관에게 주시오.◯헌관은 술잔을 받으시오.◯모사 위에 술을 조금 부으시오.◯집사는 술잔을 받으시오.◯본래 자리로 술잔을 받들어 올리시오.◯축은 밥그릇 뚜껑을 여시오.◯숟가락과 젓가락을 바로 놓으시오.◯적 접시를 가져다 놓으시오.◯축은 헌관의 왼쪽으로 나아가시오.◯동쪽을 향하여 꿇어앉으시오.◯자리에 있는 모든 사람들은 몸을 숙여 엎드리시오.◯축문을 읽으시오.◯일어나 몸을 곧게 펴시오.◯헌관은 조금 물러나 두 번 절하시오.◯몸을 조금 숙이고 절하시오. 일어나시오. 절하시오. 일어나시오.◯내려와 원래 자리로 돌아가시오.◯집사는 술잔을 물리시오.◯적 접시를 옮기시오.◯술잔을 원래 자리로 가져다 놓으시오.

행아헌례行亞獻禮

찬인인아헌관贊引引亞獻官◯예관세위詣盥洗位◯관수盥手◯예묘전궤詣墓前跪

○집사자짐주執事者斟酒○이작수헌관以爵授獻官○헌관수작獻官受爵○봉전우고위전奉奠于考位前○차봉비위전잔반次奉妣位前盞盤○집사자짐주執事者斟酒○이작수헌관以爵授獻官○헌관수작獻官受爵○봉전우비위전奉奠于妣位前○헌관환우묘전궤獻官還于墓前跪○집사자봉고비위전잔반執事者奉考妣位前盞盤○궤헌관지좌우跪獻官之左右○수작헌관授爵獻官○헌관수작獻官受爵○반전우고처反奠于故處○진설진적접陳設進炙楪○헌관소퇴재배獻官少退再拜○국궁배흥배흥鞠躬拜興拜興○강복위降復位○집사자퇴잔執事者退盞○치잔고처置盞故處

찬인은 아헌관을 인도하시오.○손을 씻는 자리로 나아가시오.○손을 씻으시오.○묘소 앞으로 나아가 꿇어앉으시오.○집사는 술을 따르시오.○술잔을 헌관에게 주시오.○헌관은 술잔을 받으시오.○고위 앞에 받들어 올리시오.○다음으로 비위 앞의 술잔과 잔대를 받드시오.○집사는 술을 따르시오.○술잔을 헌관에게 주시오.○헌관은 술잔을 받으시오.○비위 앞에 받들어 올리시오.○헌관은 묘소 앞으로 돌아와 꿇어앉으시오.○집사는 고위와 비위 앞의 술잔과 잔대를 받드시오.○헌관의 좌우로 꿇어앉으시오.○술잔을 헌관에게 주시오.○헌관은 술잔을 받으시오.○본래 자리로 술잔을 되가져 올리시오.○진설은 적 접시를 가져다 놓으시오.○헌관은 조금 물러나 두 번 절하시오.○몸을 조금 숙이고 절하시오. 일어나시오. 절하시오. 일어나시오.○내려와 원래 자리로 돌아가시오.○집사는 술잔을 물리시오.○술잔을 원래 자리로 가져다 놓으시오.

행종헌례行終獻禮

찬인인종헌관贊引引終獻官○예관세위詣盥洗位○관수盥手○예묘전궤詣墓前跪○집사자짐주執事者斟酒○이작수헌관以爵授獻官○헌관수작獻官受爵○봉전우고위전奉奠于考位前○차봉비위전잔반次奉妣位前盞盤○집사자짐주執事者斟酒○이작수헌관以爵授獻官○헌관수작獻官受爵○봉전우비위전奉奠于妣位前○헌관환우묘전궤獻官還于墓前跪○집사자봉고비위전잔반執事者奉考妣位前盞盤○궤헌관지좌우跪獻官之左右○수작헌관授爵獻官○헌관수작獻官受爵○제작除爵○진설진적접陳設進炙楪○헌관소퇴재배獻官少退再拜○국궁배흥배흥평신鞠躬拜興拜興平身○강복위降復位

찬인은 종헌관을 인도하시오.○손을 씻는 자리로 나아가시오.○손을 씻으시오.○묘소 앞으로 나아가 꿇어앉으시오.○집사는 술을 따르시오.○술잔을 헌관에게 주시오.○헌관은 술잔을 받으시오.○고위 앞에 받들어 올리시오.○다음으로 비위 앞의 술잔과 잔대를 받드시오.○집사는 술을 따르시오.○술잔을 헌관에게 주시오.○헌관은 술잔을 받으시오.○비위 앞에 받들어 올리시오.○헌관은 묘소 앞으로 돌아와 꿇어앉으시오.○집사는 고위와 비위 앞의 술잔과 잔대를 받드시오.○헌관의 좌우로 꿇어앉으시오.○술잔을 헌관에게 주시오.○헌관은 술잔을 받으시오.○술잔의 술을 조금 부으시오.○진설은 적 접시를 가져다 놓으시오.○헌관은 조금 물러나 두 번 절하시오.○몸을 조금 숙이고 절하시오. 일어나시오. 절하시오. 일어나시오. 몸을 곧게 펴시오.○내려와 원래 자리로 돌아가시오.

행유식례行侑食禮

알자인초헌관謁者引初獻官○예묘전궤詣墓前跪○집사자첨주執事者添酒○면복흥俛伏興○소퇴재배少退再拜○국궁배흥배흥鞠躬拜興拜興○평신平身○강복위降復位○축삽시祝扱匙○정저正箸○재위자개부복在位者皆俯伏○축삼희흠祝三噫歆○흥평신興平身○집사자체갱진다執事者替羹進茶○점다點茶○재위자개국궁소경在位者鞠躬少頃○축삼희흠祝三噫歆○흥興○평신平身○축祝○합반개闔飯盖○낙시저落匙箸○헌관이하개재배獻官以下皆再拜○흥평신興平身○축진초헌관지좌祝進初獻官之左○고예필告禮畢○분축焚祝○축급제집사예계간배위祝及諸執事詣階間拜位○재배再拜○예필禮畢

알자는 초헌관을 인도하시오.○묘소 앞에 나아가 꿇어앉으시오.○집사는 술을 첨가하시오.○구부리고 엎드렸다가 일어나시오.○조금 물러나서 두 번 절하시오.○몸을 조금 숙이고 절하시오. 일어나시오. 절하시오. 일어나시오.○몸을 곧게 펴시오.○내려와 원래 자리로 돌아가시오.○축은 숟가락을 꽂으시오.○젓가락을 바로 놓으시오.○자리에 있는 사람들은 모두 몸을 굽혀 엎드리시오.○축은 세 번 헛기침을 하시오.○일어나 몸을 곧게 펴시오.○집사는 국그릇을 내보내고 물을 올려놓으시오.○밥을 물에 마시오.○자리에 있는 모든 사람은 몸을 조금 숙이고 잠시 있으시오.○축은 세 번 헛기침을 하시오.○일어나시오.○몸을 곧게 펴시오.○축은○밥그릇 뚜껑을 닫으시오.○숟가락과 젓가락을 내려놓으시오.○헌관 이하 모든 사람들은 두 번 절하시오.○일어나 몸을 곧게 펴시오.○축은 초헌관의 왼쪽으로 나아가시오.○예를 마쳤다고 고하시오.○축문을 태우시오.○축과 여러 집사들은 섬돌 사이 절하는 자리로 나아가시오.○두 번 절하시오.○예를 마치시오.

그리고 묘제의 경우에는 일반적인 축문 이외에 산신축문山神祝文이 있다. 산신제는 일명 후토제后土祭라고도 하는데 이는 토지를 맡아 보는 신인 후토에 대한 제사이기 때문에 이런 명칭이 생겼다. 다시 말하면 산신제는 자기 조상 묘가 모셔져 있는 그곳의 후토신后土神에게 조상의 묘소를 아무 탈 없이 잘 보호해 달라고 기원하며 간단한 제물을 갖추어 지내는 제사이다. 이 산신제는 보통 본 묘제를 지내기 직전이나 혹은 제사를 다 지내고 난 후에 지내기도 한다. 이때 사용하는 축문도 그 내용은 비교적 간단하다. 소고 문중에서 사용하는 축문의 양식은 아래와 같다.

묘제 시 산신축墓祭時山神祝

유세차維歲次 임인구월임오삭壬寅九月壬午朔 이십오일병오二十五日丙午 유학반남박찬우幼學潘南朴贊佑 감소고우토지지신敢昭告于土地之神 찬우贊佑 공수세사우선조고통정대부사간원대사간지제교부군恭修歲事于先祖考通政大夫司諫院大司諫知製敎府君 선조비정부인예천권씨지묘先祖妣貞夫人醴泉權氏之墓 금이今以 유시보우維時保佑 실뢰신휴實賴神休 근이주찬謹以酒饌 경신전헌신敬伸奠獻神 상향尙饗

오직 해의 차례가 임인년 9월 임오삭 25일 병오에 유학 반남 박찬우는 토지의 신에게 감히 밝게 고하나이다. 찬우가 선조고 통정대부 사간원 대사간 지제교 부군과 선조비 정부인 예천권씨의 묘소에 공경히 세사를 올리오니 지금 이렇게 보우하심은 실로 신명께서 돌보아 주시는 덕택입니다. 삼가 술과 음식을 갖추어 경건하게 신에게 전헌하오니 부디 흠향하소서.

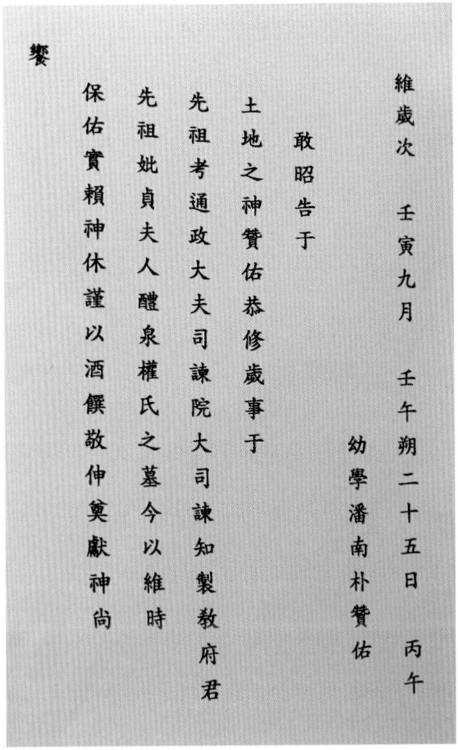
維歲次 壬寅九月 壬午朔二十五日 丙午
幼學潘南朴贊佑
敢昭告于
土地之神贊佑恭修歲事于
先祖考通政大夫司諫院大司諫知製敎府君
先祖妣貞夫人醴泉權氏之墓今以維時
保佑實賴神休謹以酒饌敬伸奠獻神尚
饗

묘제 시 사용하는 산신축문

그리고 묘제에서 사용하는 축문도 다른 지역이나 문중과 크게 차이는 없어 보인다. 그 양식을 소개하면 다음과 같다.

묘제 시 축墓祭時祝

유세차維歲次 임인구월임오삭壬寅九月壬午朔 이십오일병오二十五日丙午 십오대손찬우十五代孫贊佑 감소고우현선조고통정대부사간원대사간지제교敢昭

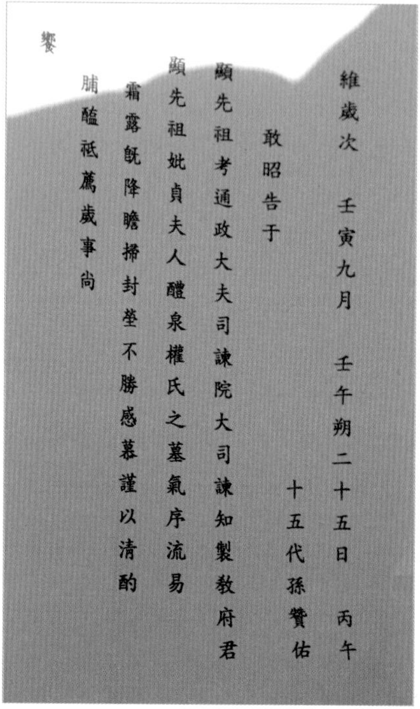
維歲次 壬寅九月 壬午朔二十五日 丙午
十五代孫贊佑
敢昭告于
顯先祖考通政大夫司諫院大司諫知製敎府君
顯先祖妣貞夫人醴泉權氏之墓氣序流易
霜露旣降瞻掃封塋不勝感慕謹以淸酌
脯醯祗薦歲事尙
饗

묘제 시 축문

告于顯先祖考通政大夫司諫院大司諫知製敎府君 현선조비정부인예천권씨지묘顯先祖妣貞夫人醴泉權氏之墓 기서유역氣序流易 상로기강霜露旣降 첨소봉영瞻掃封塋 불승감모不勝感慕 근이청작포혜謹以淸酌脯醯 지천세사祗薦歲事 상향尙饗

오직 해의 차례가 9월 임오삭 25일 병오에 15대손 찬우가 현선조고 통정대부 사간원 대사간 지제교 부군과 현선조비 정부인 예천권씨의 묘소에 감히 밝게 고하나이다. 정기의 순서가 바뀌어서 서리와 이슬이 이미 내림에 묘소를 쓸면서 쳐다보니 흠모의 정을 이길 수가 없습니다. 삼가 맑은 술과 포와 식혜로 공경히 세사를 바치오니 부디 흠향하소서.

또한 묘제를 봉행할 때의 집사분정執事分定을 보면 집사가 그렇게 복잡하지 않고 적당해 보인다. 다만 일반 제향처럼 아헌관이나 종헌관을 인도하는 찬인贊引이 보이지 않는다. 누락된 것인지 아예 없는 것인지는 알 수가 없다. 간소하게 하기 위하여 초헌관을 인도하는 알자가 찬인의 역할을 다하도록 한 것인지도 알 수가 없다.

묘제 시 집사墓祭時執事

초헌관初獻官

아헌관亞獻官

종헌관終獻官

축祝

집례執禮

알자謁者

봉향奉香

봉로奉爐

사준司罇

전작奠爵

봉작奉爵

진설陳設 2인

산신헌관山神獻官

제물유사祭物有司 2인

이상에서 소고종가나 문중에서 거행하는 불천위不遷位 제사나 묘소에서 지내는 묘제墓祭, 산신제山神祭 등을 살펴보았다. 미

▲ 묘제 시 집사분정

▼ 참제 문중 인사

시적으로 보면 다른 지역이나 학파, 문중이나 종가와 다소 다른 측면도 있지만, 거시적으로 보면 크게 다르지 않다는 것을 알 수 있다. 현재까지도 소고의 종가에서 종손이나 종부가 불천위 제사를 포함하여 여러 제사를 잘 받들고 있다. 종손의 말에 의하면 차종손次宗孫도 종손의 뜻을 이어서 잘 받들어 갈 것이라고 한다. 앞으로도 그렇게 이어지기를 기대한다.

다만 여기서 한 가지 언급하고 싶은 것은 현재 상당수의 가문에서 모든 종류의 제사를 어떻게 받들지에 대해 심각한 고민에 빠져 있다고 듣고 있다. 선도적으로 제사 횟수를 줄이든지 제품의 종류를 줄이든지, 혹은 제사 지내는 날짜를 조정하고 있는 가문도 있지만 어느 가문에서도 제사를 폐지하는 정도에까지 나아가지는 못하고 있다. 어찌 보면 선도적으로 조처措處를 취함으로써 받을 비난이나 지적을 감당하기에 자신이나 용기가 부족하여 그럴 수 있다는 생각도 든다. 그렇지만 상당수 가문의 종손이나 주손胄孫에게 시집을 오는 종부宗婦들이나 주부主婦들 가운데에는 다른 종교를 믿음으로써 상당한 갈등 관계에 있는 집도 많다고 듣고 있다. 이런 점에서 보면 이미 전통문화는 상당한 위기에 봉착하고 있다고 하겠다.

따라서 이제는 전통문화라 해서 마냥 묵수墨守만 할 것이 아니라 그 근본정신을 어떻게 구현하면서 현실에 맞게 변용變容할 수 있을지에 대해 끊임없이 세대 간에, 종원宗員들 사이에, 나아가 우리 사회에서 상호 소통하며 전통도 지키고 현실도 반영하는 좋은 방법을 모색해야 할 것이다. 현재 부분적으로 이런 시도가 이루어지고 있지만, 좀 더 근본적으로 진행하여 많은 사람들의 심적인 부담도 덜고 제사의 근본정신을 구현하면서 전통문화를 계승해 나가는 바람직한 종가 문화가 자리 잡을 수 있기를 기대해 본다.

제4장

종가의 건축 문화와 정대亭臺

1 소고종가 건축물의 부침

귀내[고현古峴]에는 영남 제일의 선비로 손꼽히고 있는 소고 박승임의 사당祠堂과 종택宗宅이 있다. 소고嘯皐 박승임朴承任(1517–1586)은 영천군榮川郡 두서리杜西里(斗西里) 현재의 '뒤새'에서 태어났다. 그리고 원당元塘 마을과 한정寒亭에 살면서 학문을 익혔고, 1540년(중종 35) 문과에 급제하여 조정에서의 관직 생활과 목민관으로서의 삶을 살았던 그는 영남을 대표하는 선비라고 하겠다.

소고의 사당은 원래 두서[뒤새]에 있었는데, 귀내 보트장 인근 산자락으로 옮겨졌다가 수해로 터가 훼손되어 해방 후에 다시 현재 위치로 이건移建하였다고 한다. 사당 옆에는 소고 종택이 있다. 현재의 종택은 일반적으로 우리가 종택이라 했을 때 상상하

소고종택

는 한옥韓屋이 아니라 보기 드문 2층 양옥洋屋 건물이다.

여기에는 다음과 같은 사연이 있다. 소고종가 15대 찬우贊佑 종손의 말에 의하면, 소고의 종택은 이산면伊山面 내림리內林里에 있었고, 육우당六友堂과 사당은 영주의 원당리元塘里에 있었다고 한다. 그런데 어떤 이유에서인지는 몰라도 현재 종손의 증조부인 박노양朴魯陽 종손이 현재의 종택이 있는 고현동古峴洞 귀내 동네에 거주하고 있어서, 1900년대 초에 지금의 자리로 종택을 이건했다고 한다. 그런데 이건 당시에는 한옥으로 지은 종택이 있었으나, 지금부터 30여 년 전 한옥 종택이 허물어지는 바람에 다시 한옥으로 짓지 못하고 대신 2층 양옥 건물로 새로 지었다고 한다. 종택을 새로 지을 당시에 종가에서는 한옥으로 지을 경우, 건물의 수명이 그리 오래가지 못한다고 생각해서 아예 양옥으로 건물을 올렸다고 한다.

그런데 종택은 한옥이라는 생각은 일반적으로 누구나 하고 있고 실제로도 그런 경우가 대부분이지만, 각 가문의 사정에 따라서는 그렇지 않을 수도 있겠다는 것을 현재의 소고종택을 보면서 생각하게 된다. 그것은 각 가문마다 사정이 다르고 남모를 사연이 있기 때문에 충분히 그럴 수 있다고 인정해야 할 것이다. 마치 옛날에는 모두 한복을 입는 것이 일상적이었다면 오늘날에는 양복을 주로 입고 한복은 특별한 행사가 있을 때에만 입는 것처럼 말이다. 앞으로 모두 그렇게 할 수는 없겠지만 적어도 일정하게 합리적인 기준을 세워서, 현재 전통문화를 보존하고 있는 종가의 가문을 위해서라도 법률을 제정하여 보호할 필요가 있다고 본다. 그렇게 될 때 적어도 종택은 한옥으로 지어야 한다는 합의가 있다면 한옥으로 지으면 되리라 생각한다. 그전이라도 집안 형편이 넉넉해지면 얼마든지 한옥으로 지을 수도 있을 것이다.

2 하한정과 소고대

하한정夏寒亭과 소고대嘯皐臺, 그리고 삼락당三樂堂은 모두 영주시 한정寒亭 마을에 있는 정자와 대와 당이다. 이 가운데 소고대는 소고 박승임이 이 마을에 거주하고 있을 때 자주 올라가 소요逍遙하던 조그마한 언덕이다. 그리고 하한정은 취수헌醉睡軒 박녹朴漉(1542-1632)이 자신의 아버지 소고 박승임을 위해 지은 정자로 아버지에 대한 아들의 효심이 서려 있는 건물이다. 먼저 하한정에 관하여 살펴보자.

하한정은 정자 이름이면서 현재는 '하夏'자가 빠진 '한정寒亭'이란 마을 이름이기도 하다. 현재 하한정이 자리 잡고 있는 이 지역은 조선 시대 때에는 서천西川을 사이에 두고, 동쪽에는 영천군

榮川郡 산이리山伊里 초곡방草谷坊(지금은 사일)이 있었고 맞은편 서쪽에는 가흥리可興里 초곡방草谷坊(지금은 한정)이 자리 잡고 있었다. '초곡草谷'이란 풀이 무성하다는 뜻으로 '푸실'이라 부르기도 하였다. 조선 중종 무렵에 소고 박승임의 아들인 취수헌 박녹이 속칭 '푸실'인 초곡에 터를 잡고 정자를 세웠는데 그의 부친인 소고가 하한정夏寒亭이라고 이름을 지어 주었다.

하한정은 '여름 하夏' 자와 '찰 한寒' 자를 조합해서 지은 정자 이름으로 '여름에도 시원하다'는 뜻을 가지고 있다. 그리고 하한정에 걸려 있는 현판은 석봉石峯 한호韓濩(1543-1605)의 글씨라고 전한다.

또 반남박씨판관공파종중潘南朴氏判官公派宗中의 도유사都有司인 박춘서朴春緖는 "소고 할아버지의 아들 박녹 선조께서 한성에서 의금부도사義禁府都事와 예빈시별제禮賓寺別提 등의 벼슬을 하고 있을 때 명필인 한석봉韓石峯과는 매우 친한 사이였다고 한다.

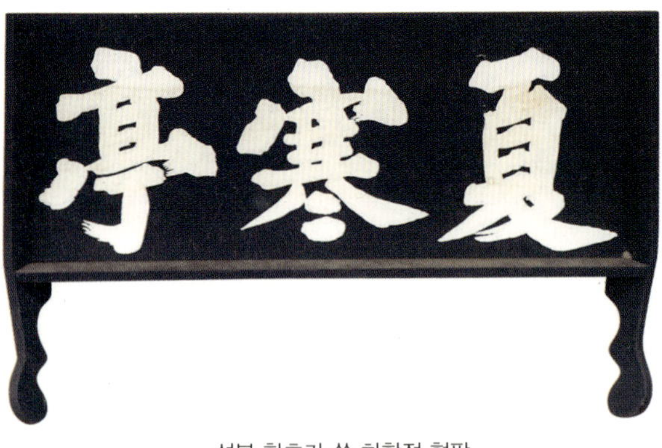

석봉 한호가 쓴 하한정 현판

이때 한석봉이 '하한정'이라고 써 준 글씨가 지금 이 정자에 걸려 있다."라고 말하였다.

그리고 소고의 6대 종손으로 생원인 학포鶴浦 박태래朴泰來(1673-1738)의 외손자인 두암斗巖 김약련金若鍊(1730-1802)이 지은 「하한정중수기夏寒亭重修記」에 보면 하한정에 대해 비교적 자세하게 기술한 내용이 나와 있는데 이를 살펴보기로 한다.

겨울에 춥고 여름에 더운 것은 하늘의 법도이다. 그런데 간혹 겨울이면서도 심하게 춥지 않고 여름이면서도 그 열기를 잊게 하는 것은 땅이 간혹 그렇게 시키기 때문이리라. 옛날에 소고 선생께서 강직한 말로 인해 조정에서 용납되지 못하시고 반곡蟠谷의 전장田庄으로 물러나 거주하셨다. 당시에 그의 아들 취수공醉睡公께서 능히 소고 선생의 뜻을 받들어서 집의 남쪽 수십 걸음 떨어진 곳에다 정자亭子를 짓고는 부친인 소고 선생께서 여름에 거처하실 곳으로 삼으려고 하였다. 점쳐서 정한 땅은 시원스레 탁 트였고 앞으로는 큰 시내를 마주하고 있다. 멀리서 불어오는 바람을 끌어들이고 초승달을 맞아들이기도 하니 이곳에 있으면 여름 햇볕이 무서운 줄을 알지 못할 듯하다. 그래서 그 정자의 이름을 '하한夏寒'이라고 하였다. 아! 이 정자가 자리 잡고 있는 땅 때문에 그러한 것이리라. 그러나 그 땅은 산수가 훤하고 수려하며 풍경이 그윽하고 한적하여 권세를 얻지 못한 것에 마음을 쏟지 않고 마음속으로 열중하는 사람이라면 살기에 마땅한 곳이다. 소고 선생께서 자신의 몸을 편안히 쉬게 하고 자신의 뜻에 자적自適하면서 생을 마칠 때까지 서리골[蟠谷]에 숨어 살며 즐기실 수 있었던 것은 반드시 이 정자의 도움이 있었기 때문이다.

[冬寒而夏熱 天度也 而厥或冬焉而不甚以寒 夏焉而能忘其熱 地或使之然也 昔者 嘯皐先生 以直言 不容於朝 退居于蟠谷之庄 胤子醉睡公 克養厥志 作亭于宅南十數步 以爲先生夏月之居 其占址爽豁 前臨大川 引遠風

迎初月 不知夏日之爲可畏也 是以 名其亭曰夏寒 嗚呼 此其所處之地然也 然 其地 有山水之明麗 景像之幽閒 非馳情勢餤 不得而熱於中者 所宜居也 先生之所以安其體 適其意 終身考槃於蟠谷中者 未必非斯亭之有助焉]

두암斗巖의 이 기문을 보면 소고가 하한정이라는 이름을 붙인 까닭이 나타나 있고, 하한정은 아들 취수헌이 부친인 소고가 말년에 몸과 마음을 쉬면서 유유자적할 수 있는 곳으로 삼도록 지은 것으로 나온다. 이를 통해 소고에 대한 취수헌의 깊은 효심孝心을 알 수 있다. 또 이 마을이 서천西川에서 멀지 않은 곳에 자리 잡고 있고 정자도 강변에 있어서, 멀리서 불어오는 시원한 바람을 맞을 수 있었다. 이 때문에 비록 더운 여름이라 하더라도 더위를 잊은 것을 넘어서 오히려 추운 느낌마저 들 정도의 정자라고 하였다.

다음으로 소고대嘯皐臺에 대해 살펴보자. 대臺의 사전적 정의에 따르면 '흙이나 돌 따위로 높이 쌓아 올려 사방을 바라볼 수 있게 만든 곳'이라는 의미인데 이것은 자연적으로 그렇게 된 것과 인공적으로 그렇게 만든 것 모두를 포괄하는 개념이다. 따라서 본래에는 이 대에 건축물이 있지 않지만, 상황에 따라서는 얼마든지 건축물을 조성할 수도 있을 것이다. 현재 소고대에는 현대식으로 지은 육각 정자가 세워져 있고 그 안에는 퇴계 선생의 14대 종손인 춘고春皐 이원각李源慤(1892–1975)이 지은 기문이 걸려 있다. 한정 마을의 초입에서 마을을 바라다보면 마을의 좌측으로 야트막한 언덕이 있고, 소고대는 그 언덕 위에 몇 그루 소나무와

소고대 앞 느티나무 ▲

소고대 원경 ▼

소고대 위 육각 정자

함께 자리를 잡고 있다. 소고가 원당元塘에 거주하고 있을 때 이곳의 풍광이 아름답고 또 번잡한 시내와 떨어져 조용하므로 만년에 이곳으로 옮겨 와 살았다고 한다.

소고대는 소고가 평소 자주 소요하던 언덕에 선생을 추모하기 위하여 후손들이 1972년에 건축한 일종의 정자형 건축물이다. 이 대는 벽이 없고 지붕만 덮여 있어 사방에서 시원한 바람이 불어오고 또 서천西川을 한눈에 내려다볼 수 있다. 소고대 앞에는 수령 400년 정도 된 느티나무 한 그루가 서 있는데 마치 이 소고대를 호위하고 있는 듯하다.

퇴계 선생 14대 종손 이원각이 지은 소고대기문 번역문

그런데 소고의『연보年譜』를 보면 1564년(명종 19) 소고가 48세 되던 해에 소고대를 쌓은 것으로 되어 있다. “선생이 일찍이 고을 동쪽 원당리元塘里에 거주하면서 취향정翠香亭과 동리서재東里書齋를 짓고 ‘동리만은東里晩隱’이라 자호하였다. 또 매일 취향정 북쪽 작은 언덕에 나아가 그 위에서 시를 읊고 ‘소고대嘯皐臺’라 명명하고 인하여 호를 삼았다.”라는 기록이 보이는데 이로 보아 소고대는 소고의 중년 이후에 마련된 것으로 볼 수 있다. 여기서 소고란 호는 아마도 진나라 오류선생五柳先生 도잠陶潛(365–427)이 지은「귀거래사歸去來辭」끝부분에 나오는 “동쪽 언덕에 올라가 휘파람을 불고 맑은 물에 다다라서 시를 짓노라.[登東皐以舒嘯 臨淸流而賦詩]”에서 두 글자 ‘소嘯’와 ‘고皐’를 따서 지은 것이 아닌가 한다.

그리고 소고의 문인인 만퇴헌晩退軒 김중청金中淸(1567–1629)이 쓴 소고의「행장行狀」에 보면 “선생은 원래 군의 동쪽에 거주하셨는데 집의 뒤에 송원松苑이 있고 송원 속에는 깎아지른 산록山麓

한정마을 향나무

삼락당 현판

이 있어서 일찍이 아침과 저녁으로 올라가 무릇 자기감정에 근심과 기쁨과 슬픔과 즐거움이 있으면 문득 천천히 휘파람을 불다가 그쳤다. 그러므로 스스로 소고라고 호를 지었다.[先生原住郡東家後有松苑 苑中有斷麓 所嘗朝暮登陟 而凡有憂喜悲歡之感於情者 輒徐嘯而止 故自號曰嘯皐]"라는 기술을 보면 '소고대'라고 명명命名한 연유가 분명하게 드러난다고 하겠다.

이 외에도 이 마을에는 소고의 손자 삼락당三樂堂 박종무朴樅茂를 기리기 위하여 후손들이 1938년에 건립한 삼락당도 있다. 또 삼락당 앞에는 소고가 직접 심은 향나무도 한 그루 있는데 이 나무에 말을 매어 두기도 했다고 한다. 이 향나무는 소고가 예천 처갓집에서 한 그루를 가져와 심은 것이다. 처가에 있던 3그루의 향나무는 원래 소고의 처삼촌이 울릉도에서 가져와 심은 것이라고 한다.

제5장

소고종가를 지키는 사람들

우리 대한민국의 역사를 통관通觀해 보면, 각 가문에 있어서 규모의 대소大小와 지명知名의 광협廣狹에 있어서는 차이가 있을지 몰라도, 수많은 가문들이 각자 나름대로의 가문사家門史를 면면綿綿하게 이어 오려고 갖은 노력을 기울인 결과 오늘날 대한민국은 세계 속에서 우뚝 설 수 있게 되었다고 생각한다. 이러한 가문을 형성하는 배경에는 그 가문에 속하는 가문 구성원 전체의 피나는 노력 또한 그 바탕을 이루었음을 부인할 수 없다. 다시 말하면 작은 물방울 한 방울 한 방울이 모여서 마침내 커다란 냇물을 이루듯이[積水成川], 한 벌통 속에 있는 수많은 일벌이 평지와 높은 산을 가리지 않고 무한한 풍광 속에서도 백화百花 하나하나를 방문하여 따온 극소량의 꿀들이 모여 한 통의 벌꿀이 되듯이, 가문이 미미해 보이지만 한 사람 한 사람의 노력이 총체적으로 결합되어서 한 가문의 역사를 이룬 것이다. 그 속에는 대표적으로 종손과 종부의 역할이 자리 잡고 있다고 하겠다.

소고의 가문도 예외가 아니다. 소고로부터 현재 종손까지 소고 가문의 혈통과 역사가 면면하게 이어져 오고 있는데 현재의 찬우贊佑 종손은 소고로부터 15대 종손이 된다고 한다. 역대 종손의 휘함諱啣을 나열하면 '승임承任—녹漉(1)—회무檜茂(2)—요料(3)—충기忠基(4)—문린文麟(5)—태래泰來(6)—홍준弘儁(7)—시복時復(8)—성중誠中(9)—재건在健(10)—제영齊榮(11)—노양魯陽(12)—승렬勝烈(13)—관서瓘緖(14)'이다. 소고가 1517년생이고 15대 종손이 1955년생이니 무려 438년의 세월 간극이 있다. 이렇게 긴 세월 동안 한 가문의 역사가 단절됨이 없이 유구하게 이어져 온다는 것은 바로 앞에서 기록한 대로 역대 종손들의 헌신적이고 피눈물 나는 노력과 어쩌면 종손보다 더한 인고忍苦의 세월을 견디며 묵묵히 집안을 갈무리해 온 종부들의 숭고한 삶, 종원宗員들의 아낌없는 후원으로 이루어 낸 빛나는 역사라고 하겠다. 그 가운데 종손과 종부의 삶을 그들의 생생한 목소리로 들어본다. 필자가 따로 부연 설명을 하면서 간간이 종손과 종부의 말을 인용하는 간접화법보다, 다소 어색한 부분이 있을 수 있어도 그들의 육성으로 언급한 것을 직접 제시하는 직접화법이 훨씬 더 감명을 줄 수 있다는 판단이 서기에 그대로 면담 내용을 노출시켜 기술한다. 이 질문은 경북대학교 영남문화연구원 종가팀에서 직접 소고의 15대 찬우贊佑 종손과 15대 최방예崔芳禮 종부를 대상으로 면담한 내용을 정리한 것이다.

소고종가를
지키는 사람들

1 소고 종손으로서의 삶

면담面談은 경북대학교 영남문화연구원 종가팀에서 질문을 하고 종손과 종부가 답변을 하는 방식으로 진행되었다. 먼저 소고종가 15대 찬우贊佑(1955~) 종손과의 면담 내용을 소개하기로 한다.

문: 부친은 어떤 분이셨는지요?

답: 조부[勝烈]께서는 제가 어렸을 때(5세) 돌아가셨는데 약주藥酒를 아주 좋아하셨다고 들었어요. 부친께서는 교직을 수행하셨는데 조부님의 영향으로 술은 별로 좋아하지 않으셨고 원칙을 중요시하며 청렴한 생활을 해 오신 분이셨어요. 성격이 조금은

소고 15대 박찬우 종손

급한 면이 있기는 하였으나 그래도 모든 이에게 존경받으면서 살아오셨어요. 그래서인지 저의 소년기 시절을 되돌아보면 평소 이런 말씀을 하신 것으로 기억됩니다. "너도 자라서 내 뒤를 이어 교편생활을 하며 모든 이에게 존경받는 사람이 되어라." 그러나 저는 교편생활이 싫어서 부모님의 말씀을 듣지 않고 객지에 나가서 전기 사업을 했어요. 그러나 부친은 내가 존경하고 본받아야 할 분이셨어요. 또 많은 가르침도 받았어요.

문: 어머님은 어떠셨는지요?

답: 모친께서는 경주이씨로 인근 장수면 종갓집에서 우리 집으로 오셨어요. 옛날에는 종갓집끼리는 선도 안 보고 혼인한다고 했잖아요. 성품은 온화한 편이셨고 종부로 살아오셨으니까 고생은 많이 하셨지요. 사실 종부로서 너무나 힘든 생활을 하셨죠. 저를 여기까지 이끌어 주신 분이라 너무 존경합니다.

문: 아버지께서 평소 강조하신 말씀이 있으신지요?

답: 부친께서는 문중과 주위에서 대우를 받고 살아오셨어요. 그래서 늘 "언행言行에 조심하고 열심히 살아라."라고 하셨죠. 저도 내일모레 70이지만 모든 이를 배려하며 성실히 살아왔고 또 살아갈 것입니다. 영주는 동네가 좁다 보니까 소문이 금방 나요. 소고 종손이 좀 그렇다라고 하는 것이 너무나 싫고 또 소문 나면 말이 부풀려지잖아요. 그래서 부친께서는 항상 "남의 입에 오르내리지 마라."라는 얘기를 하셨고 저는 예나 지금이나 그 말씀을 실천에 옮기며 살고 있습니다.

문: 현재의 종택은 어떻게 이건하셨는지요?

답: 우리 종택이 원래 이산면 내림리에 있었고 육우당과 사당은 영주 원당리에 있었어요. 이건할 그 당시에 우리 증조할아버지[魯陽]가 여기서 기거하셨어요. 그래서 이건하게 되었어요. 그 당시에 어른들이 지리적으로 안 맞으니까 이건했겠지요.

문: 혹시 종택이 따로 떨어진 이유가 있었는지요?

답: 그 당시 소고 선조의 묘소가 내림리에 있었어요. 묘소 때문에

종택도 옛날에 거기 터전을 잡고 있다가 1900년대 초에 현재의 위치로 다 옮겨 왔지요.

문: 증조부, 고조부 때까지는 불천위 제례를 원당리 사당에 가서 지내셨는지요?

답: 그렇지요. 제물을 다 이산면 종택에서 준비해서 옮겨서 지냈지요.

문: 그때 교통편도 발달되지 않았을 텐데 많이 고생하셨겠네요?

답: 여기서 한 15리 정도 되는데 거리로 한 6킬로 정도 돼요. 옛날에 걸어서 등짐을 지고 다녔잖아요.

문: 제사 때 접빈객은 어떻게 하셨는지요?

답: 육우당六友堂 정자에서 했지요.

문: 육우당 정자가 접빈객 장소네요? 거기서 주무시고요?

답: 예.

문: 그 당시 육우당이 제사 기능을 담당한 거네요?

답: 옛날에는 제관祭官들이 보통 이틀 전에 오시고 했으니까 여기서 한 2박 3일을 기거하셨죠. 그리고 정자에서 잠자리가 불편하면 동네 인근에 방을 빌려서 접빈객接賓客을 했지요.

문: 인근에 문중 분들이 있으셨네요?

답: 예, 여기가 집성촌集姓村이니까 다 일가잖아요. 그래서 집집마다 방을 잠깐씩 빌려서 접빈객을 했지요.

문: 혼인은 어떻게 하셨는지요?

답: 저는 같은 직장에 다니면서 지금의 집사람과 사귀게 되었지요. 부친께서 만나 보고 흔쾌히 승낙해서 연애결혼을 하게 되었습니다.

문: 종갓집이라는 것을 이야기하셨는지요?

답: 연애 중에 했지요.

문: 종부님이 시집오시기가 쉽지 않으셨을 텐데요?

답: 그래도 이제까지 몇 십 년을 잘했어요. 문중에서도 잘한다는 소리를 들으니까. 어떻게 보면 저는 연애결혼을 하기는 했지만 주위의 다른 문중을 보면 중매결혼을 했으나 서로 뜻이 맞지 않아 속앓이를 하는 사람을 내가 몇 집을 봐 왔습니다. 연애결혼이 무조건 나쁜 것은 아니라 생각해요. 요즘은 제수도 시장에서 주문하곤 하는데 집사람은 제사상祭祀床 차림은 정성이라 하며 힘이 들어도 직접 장만하지요. 저는 지금도 집사람과 결혼한 것을 너무 잘한 선택이라고 여기고 행복하다고 생각합니다.

문: 자제는 어떻게 두셨는지요?

답: 아들이 둘이에요.

문: 자제들에게 특별히 가르쳐 주신 게 있으신지요?

답: 조부[璉緖] 밑에서 자라서 그런지 조부의 영향을 많이 받았어요. 제가 집사람과 애들을 아이들 조부께 맡기고 수년간 객지 생활을 했으니까 자식들에게 특별한 가르침은 없었습니다. 아

마 아이들 조부께서 저한테 가르침을 주었듯이 비슷한 가르침을 손자들한테도 많이 하셨겠지요. 그러나 제가 가르침을 준 것이 있다면 "성실하고 참되게 살아가길 바란다."라고 하였습니다.

문: 아드님들도 문중 일에 참석하는지요?

답: 차종손[誠一]도 10여 년간 객지에서 직장을 다닌 터라 직장 다닐 때는 문중 일에 적극적으로 참석하지는 않았는데 3년 전에 집으로 들어와서는 적극적으로 참석하며 문중 일을 배우려고 열심히 노력하고 있지요.

문: 종손으로서 힘든 점은 무엇인지요?

답: 일상생활에서 모든 언행言行에 제약을 받으니까 신경이 좀 쓰이고 힘이 들 때가 많았지요. 술은 잘 마시지는 않지만 어쩌다 술을 마시고 술에 취했을 때는 "종손을 어디다가 팔아먹을 데가 없나?"라고 생각을 할 때도 있었어요. 문중에 모든 책임을 다해야 하니까 더더욱 힘들 때가 가끔 있지요. 부친께서 생활해 오신 것도 늘 봐 왔기에 힘들 거라는 생각은 하지 않았는데 막상 내가 해보니까 정신적으로 힘든 거예요.

문: 그런 어려움을 어떻게 이겨 내셨는지요?

답: 지손들이 많이 힘을 주셨지요. 저보다 나이 많으신 어른들께서 불천위 제사 때 오시면 표정 보면 알잖아요. "왜 그러냐?"고 물으면 저는 "사실 조금 힘듭니다."라고 하면 어른들께서는

좋은 말도 해 주시곤 하지요. 어차피 저 한 사람이 고생하면 지손들에게 힘이 되리라 생각합니다. 어렵고 힘이 들어도 제가 안고 가야지요. 사실 겉으로는 표현을 안 했지만 몸상태가 안 좋을 때는 너무나 힘들었어요.

문: 종손으로서 보람은 무엇인지요?

답: 주위에서 종손으로 대우는 받잖아요. 영주의 모든 행사나 모임에 참석할 때 '종손'이라면 그래도 남 같지 않게 대해 준다는 얘기지요. 나름대로는 뿌듯하지요. 일반인들보다 각별하게 봐 주니까요. 저도 나름대로 올바른 행동을 했고 단지 그거밖에 없어요. 그렇다고 '내가 종손이다.' 이렇게 달고 다니는 것도 아니고 남한테 조금 좋은 소리 듣고 대우받는 게 어떻게 보면 위로가 되지요.

문: 봉제사奉祭祀와 접빈객接賓客은 예전에 비해 달라진 게 있는지요?

답: 제례는 똑같아요. 단지 제수를 전보다 간편하게 하다 보니까 줄어든 것뿐이고 형식이나 모든 것은 똑같은데 단지 접빈객이 전보다 많이 완화된 것이지요. 내가 어렸을 때만 해도 교통수단이 없으니까 이틀 전에 오시는 분도 계셨어요. 보통 제사 하루 전에 오셔서 정자인 육우당이나 집에서 기거하는데 방이 모자라면 동네 방을 빌려서 이틀 동안 계시면 매일 가서 수발을 들어야 되니까 힘들었는데 요즘은 교통이 발달해서 아

예 초저녁에 지내고 음복飮福하고 일찍 가는 걸로 문화가 바뀐 거죠. 전같이 하루 전에 오는 분도 없고 오전에 오는 분도 없어요. 당일 날 한 시간 전쯤에 오셔서 지내고 바로 가시니까 불편한 것이 많이 해소된 것이지요. 예전에는 항렬, 연장자 따져서 독상獨床 또는 겸상兼床해야 되고 하니까 힘들었고, 잔심부름한다고 힘들고 참 고생 많이 했어요. 지금은 같이 모여서 상 차려 놓고 먹으니까 굉장히 편해졌어요.

문: 문중 모임이나 화수회花樹會가 있는지요?

답: 과거 1970~80년대에는 문중에 화수회가 있었는데 지금은 모임을 갖지는 않아요. 대신에 문중의 정기 모임은 매년 2회씩 진행합니다.

문: 이 종가만의 자랑이 있는지요?

답: 선조님 자랑이 우리 종가의 자랑이 아닌가요? 선조님은 조선 중기 영남의 뛰어난 문인으로서 중앙과 지방의 여러 관직을 거쳤으며 시간만 허락하면 학문에 전념하며 청렴하게 살았습니다. 그러다 보니 모아 놓은 재산도 없이 어렵게 살았습니다. 문집을 보면 어려운 삶을 시로써 표현도 하였지요. 그리함에 퇴계退溪 선생께서 '청백전가淸白傳家'라고 글을 주셨습니다. 이를 우리 문중에서는 가훈家訓으로 하고 있지요. 퇴계 선생께서도 선조님의 청렴한 삶을 높이 평가하신 거죠. 우리 문중은

이를 자랑으로 생각합니다. 소고 선조님 이후로는 14대조이신 녹漉 자 선조님은 임진왜란 때 영주지역 의병장으로 활동하였으며 8대조이신 홍준弘儁 선조님은 영조 때 개혁파로서 개혁을 하려 하다가 발각되기도 하고 사도세자思悼世子의 처벌 반대에 관련한 상소문을 올렸으나 영조의 처벌을 받고 이로 인하여 죽음에 이른 거죠. 이 모든 것이 문중과 종가의 자랑이라고 생각합니다.

문: 차종손次宗孫이 어떻게 이어 가기를 바라시는지요?

답: 차종손은 직장 때문에 객지 생활을 오래 하다 보니까 문사門事에 참여나 관심을 가질 시간이 없었지요. 그래서 요즘은 내가 문중을 어떻게 이끌며 어떻게 이어 갈지에 대하여 많이 가르치고 있습니다. 그래서 하는 말이 "나도 모든 것을 생각하며 현재보다 더 잘할 수 있도록 하겠습니다."라고 하지만 저로선 아직 믿음이 가지 않는 부분이 조금 있어요. 그래서 저는 더도 말고 덜도 말고 지금 같이만 문사 일을 이어 가면 된다고 하지요. 아마 제가 바라는 대로 잘 이어 나갈 것입니다.

문: 앞으로 종가가 어떻게 보존되기를 바라시는지요?

답: 경북도청이나 한국국학진흥원에서는 종가에 관하여 종가 포럼 및 종가의 보존에 많은 관심을 가지고 있으며, 각 종중의 학술대회나 세미나 등의 개최에 자주 참석하여 종가 보존에

관련한 토론도 하고 종가의 발전에 관하여 이야기도 나누기도 해 보지만 모든 분들이 현재와 같이만 보존해 나가길 원하며 저 또한 같은 생각입니다.

문: 책자에 꼭 들어가기를 바라시는 내용이 있는지요?

답: 선비의 고장 영주에서 태어나신 소고 선조님의 생애와 활동에 대해 잘 조명해 주시기를 바랍니다.

소고종가를
지키는 사람들

2 소고 종부로서의 삶

소고종가 최방예崔芳禮(1957-) 종부는 종손과 연애결혼을 하였다고 한다. 친정도 큰집이라 종가의 제례문화가 낯설지는 않았다고 한다. 종부는 시부모님이 많이 사랑해 주셔서 어려움 없이 어른들을 모시고 살았다고 한다. 제사는 정성이라는 생각으로 지금도 대부분의 제수를 손수 장만하는 종부는 힘은 들지만, 종가문화가 그대로 보존되기를 소망한다. 참으로 요즘 시대에 보기 드문 종부관宗婦觀을 가지고 있다는 생각이 든다.

문: 친정 부모님은 어떤 분들이셨는지요?

답: 저희 집안은 종갓집은 아니고 평범한 집안의 큰집이죠. 아버지

소고 15대 최방예 종부

는 장손이고 막내딸로 태어나 평범하게 자랐죠, 저의 아버지는 제가 어릴 때 돌아가셨어요. 아버지가 어떤 분이셨는지는 잘 기억이 안 나지만 어머니는 법 없이도 살 수 있는 분이셨고 기독교 신자이셨죠. 마음이 여리고 온순한 편이셨죠. 제가 막내라서 귀여워해 주시고 저는 그 귀여움에 항상 고마웠을 뿐이죠. 어머니는 지금은 계시지 않지만 늘 고맙고 존경하는 분입니다.

문: 혼인은 어떻게 하셨는지요?

답: 연애결혼이니까 처음에는 종갓집인지 모르고 일반 큰집에 맏아들이라 생각했는데 결혼하고 와서 보니까 종갓집이더라고요. 그래서 저도 고생 많이 했지요.

문: 시집오셨을 때 시어른들이 당부하신 말씀이 있으셨는지요?

답: 시어른이 잘해 주셨어요. 저도 큰집에서 자라다 보니까 그런 것을 많이 보고 자랐잖아요? 그렇기 때문에 어른들 공경하고 살았지요. 처음 결혼할 때부터 따로 안 살고 같이 어른들 모시고 살았어요. 그러다 보니까 어른들이 좋아하셔서 특별하게 '이렇게 해라, 저렇게 해라.' 가르치지는 않으시더라고요.

문: 종부로 살아오시면서 힘든 점은 무엇인지요?

답: 어려운 것은 제사 모시는 것, 그런 것이 힘들었지 다른 것은 없어요. 어른들도 잘해 주셨고 제사 모시는 게 일이 많으니까, 또 혼자 하다 보니까 그래서 좀 힘들었어요. 지금은 집안 어른들이 제수를 많이 줄여 주셨지요. 아직까지 그래도 혼자 그 많은 음식을 거의 다 하거든요. 제가 할 일이니까 음식은 제가 다 해요. 성격상 남한테 안 맡겨요. 어차피 제 임무고 제가 할 일이고 그러니까 그렇게 어렵다 생각하지 않아요. 장 보기도 제가 다 하지 우리는 종손이 같이 안 다녀요. 제가 혼자 다 해요.

문: 힘드시겠어요.

답: 그래도 힘들다 생각 안 해요. 저한테 주어진 일이니까, 어차피 할 일인데 기분 좋게 해야지요. 어른들 제사 모시는데 즐거운

마음으로, 긍정적인 생각으로 그렇게 해요.

문: 불천위 제례나 시제 때 제수는 어떻게 하세요?

답: 방앗간에서 본편만 해 오고요, 본편은 여름에는 기지떡 하고 가을 시제 때는 콩가루 시루떡 해요. 영주 기지떡이 유명하잖아요. 여름에 더우니까 떡이 잘 쉬잖아요? 그런데 기지떡은 쉬지를 잘 안 하니까 여름에는 그 떡을 해요.

문: 나물은 어떻게 하시는지요?

답: 시금치하고 고사리, 제사에 올리는 것은 무하고 콩나물하고 같이 국을 하듯이 해 가지고 거기 나물을 같이 섞어서 놓는데 세 가지를 놓아요. 음복용으로 따로 나물 몇 가지를 더 해요. 불천위 제례 때나 시제 때나 나물은 3채를 써요.

문: 적炙은 어떻게 하는지요?

답: 배추, 쇠고기, 돼지고기 쓰고요. 쇠고기는 꼬치 꿰어서 익히고 돼지고기는 삶아서 꼬치 꿰고요. 시제 때도 똑같이 써요.

문: 탕湯은 어떤 거 쓰시나요?

답: 제사 모시고 드시는 것만 쇠고기, 무, 버섯, 두부 넣고 탕국 끓여서 음복 때 써요. 제사에 올리는 탕은 우리는 세 가지가 있는데 돼지고기 삶고 썰어서 한 탕, 닭똥집 찐 것 하나, 고등어 생것을 다진 것 하나, 그렇게 세 가지를 제사에 올려요.

문: 면식은 따로 하시나요?

답: 그거는 안 해요.

문: 과일은?

답: 사과, 배, 밤, 대추, 감 같은 기본적인 것은 다 하고요. 철에 따라 수박도 놓고 포도도 놓고 귤도 놓고 곶감도 놓고요. 일반 제사 지내듯이 다 해요.

문: 포脯는?

답: 포는 대구포大口脯를 써요. 저희는 대구포 위에 쇠고기 생것을 넓적하게, 네모나게 해서 양쪽으로 두 점 올려요. 예전에는 상어도 꼬치 꿰어서 했는데 지금은 안 써요.

문: 종부로서 보람은 무엇인지요?

답: 불천위 제례 때 문중 어른들이 오시면 항상 반가운 마음으로 맞이하죠. 모이게 되면 집안 어른들은 종부가 고생한다고 하시며 고맙게 생각해 주시곤 하지요. 반면 어른들은 "우리 종부 잘한다. 우리 종부가 최고다." 그러시고. 음식이고 뭐고 뭐든지 간에 푸짐하게 많이 해서 싸 드리고 그렇게 해 드리니까 어른들이 좋아하시더라고요.

문: 소고종가에 따님들 모임이 있는지요?

답: 예. 있어요. 따님 모임이지만 며느리로서 참석합니다. 그리고 제가 참여한 지는 한 5년 정도 되었어요.

문: 어떤 활동을 하시나요?

답: 구체적인 활동은 없고 반가운 마음으로 만나 식사와 커피 마시며 즐거운 대화를 나누는 그런 친목 모임이라고 보면 돼요.

만약에 문중에 큰일이 있거나 행사가 있으면 다 같이 가서 일을 거드는 정도로 해요. 따님 모임에 타성은 시장 사모님과 종부인 저 2명이에요.

문: 종부로서 대외활동은 하시는지요?

답: 타 문중의 행사나 도청 및 지자체의 종가 문화 행사에는 가급적 참석하는 편이에요. 요즘은 몸이 따라 주지 않아서 뜸하지만 경상북도 종부 모임인 경부회에 참석하여 모든 활동에 참여하고 있어요.

문: 앞으로 차종부를 맞으시면 꼭 가르쳐 주고 싶은 것은 무엇인지요?

답: 차종손이 아직까지 혼인할 생각이 없는 것 같아서 뭐라 말씀드리기가 쉽지는 않지만 만약에 혼인을 하게 된다면 문중의 경사이지요. 혼인을 하게 된다면 현재 제가 하고 있는 집안일의 모든 과정과 대외 활동에 대하여 가르쳐 주고 싶습니다. 시대의 변화로 제가 시부모님한테 배울 때와는 조금은 변화가 되어야 하겠지요. 어찌하든 종가문화와 보존에 대하여는 철저하게 지도하겠습니다.

문: 앞으로 종가가 어떻게 보존되기를 바라시는지요?

답: 종부로서 역할을 하는 것이 힘은 들지만, 현재 상태로 유지되기를 바라지요. 후대에 이렇게 유지될 수 있을지는 의문이지만 종가가 보존되도록 노력은 해야지요.

이상의 종손과 종부의 면담 내용을 보면서 한 가지 주목한 것은 종손이 고향에서 계속 있지 않고 상당한 시간 동안 객지 생활을 하였음에도 불구하고 종손으로서의 자기 책무를 잊지 않고 있었다는 것과 고향으로 돌아와서는 선대 종손들이 했던 것과 같은 역할을 훌륭하게 수행해 내고 있다는 것이다. 대부분 종손들의 경우 오랜 객지 생활이 몸에 밴 결과로 인해 종원宗員들이나 지역 인사들과의 유대 관계에서 다소의 불협화음不協和音이 발생하곤 하는데, 소고 종손의 경우에는 그렇지 않다. 이는 타고난 천성이 출중한 데다 고향을 떠나기 전 어렸을 때 체험한 가문의 전통, 직접 견문見聞한 종손으로서의 당위적 삶에 대한 확고한 인식이 자리 잡고 있었기 때문에 가능한 것으로 보인다.

또 한 가지 주목할 내용은 친정 모친이 기독교 신자였는데도 불구하고 종부가 시집와서 그 역할을 훌륭하게 수행하고 있다는 점이다. 일반적으로 딸은 친정 모친으로부터 절대적인 영향을 받는다고 한다. 모든 자녀가 부모로부터 깊은 영향을 받는 것은 사실이지만 특히 모녀 관계에서의 영향력은 정말 대단하다고 하겠다. 친정 모친이 종부로 가는 딸을 막지도 않았고, 또 종부로서의 고단한 삶에 대해 크게 반대하지도 않았다는 것은 소고종가 15대 종부가 일반적으로 기대하는 종부의 삶을 산 것으로 반증反證된다고 하겠다. 더군다나 지금의 종부가 현대적 교육을 받았음에도 불구하고 이전의 종부들과 같은 역할을 수행한다는 것은 주목할 만한 일이라 하겠다. 더군다나 종부와의 면담에서도 나와 있듯이 모든 제사의 제수를 남의 손을 빌리지 않고 직접 마련한다는 데서 다시 한번 종부로서의 확고한 자기 인식이 드러난다고 하겠다. 매사를 긍정적으로 생각하면서 자신의 일은 남에게 미루지 않고 스스로 해결하겠다는 정신이야말로 오늘을 살아가는 모든 사람들이 소고종가 15대 종부에게서 본받아야 할 것이라고 생각한다.

참고문헌

『韓國民族文化大百科事典』, 韓國精神文化研究院, 1991.

李東吉·安柾·權敬烈(朴贊洙 校閱), 『國譯嘯皐先生文集乾坤』, 韓國國學振興院, 2007.

紹修書院, 『紹修書院誌』, 嶺南文獻研究所編, 2007.

『代를 잇는 선비정신, 榮州 嘯皐家 사람들』, 소수박물관학술총서 6, 소수박물관, 2009.

『潘南朴氏判官公派落南五百年史』, 潘南朴氏判官公派宗中, 2014.

朴贊洙 編著, 『嘯皐 朴承任 先生의 生涯와 學問』, 嘯皐朴承任先生誕辰500周年記念事業會. 2017.

『반남박씨 소고문중』, 한국국학진흥원 국학자료목록집 48, 한국국학진흥원, 2018.

高賢鎭, 「嘯皐 朴承任의 삶과 詩世界」, 안동대학교 교육대학원 석사학위논문, 2002.

지은이

강구율 姜求律

경상북도 성주군 수륜면에서 태어나 경북대학교 국어국문학과를 졸업하고 동 대학교 대학원에서 고전문학을 전공하고 문학박사 학위를 받았다. 경기도 안양시에 소재하는 성결대학교 인문대학 국어국문학과 강의전담교수를 거쳐 현재 동양대학교 현암교양교육원 교수로 재직 중이다. 학문적 주요 관심 분야는 한국 한시와 중국 한시 방면이다.『퇴계선생』을 비롯한 몇 권의 저서와 공저가 있고『단곡선생문집』외 다수의 역서가 있으며「적암適菴 조신曺伸 한시의 '작비昨非·금시今是'의 시 세계」를 비롯한 수십 편의 논문이 있다.

경북의 종가문화 70

앎을 삶으로
실천한 스승,

영주 소고 박승임 종가

찍은 날 2023년 3월 24일
펴낸 날 2023년 3월 29일

기획 경상북도 · 경북대학교 영남문화연구원
지은이 강구율
펴낸이 홍원화
펴낸 곳 경북대학교출판부
출판등록 1973년 10월 10일 ㉑97호
주소 대구광역시 북구 대학로 80
전화 053-950-3830
팩스 053-953-4692
이메일 press@knu.ac.kr
홈페이지 http://knupress.com

ISBN 978-89-7180-613-5 94900
978-89-7180-611-1 (세트)

정가는 뒤표지에 있습니다. 파본은 바꾸어 드립니다.